# DESCUBRE | 2

### Lengua y cultura del mundo hispánico

SECOND EDITION

VISTA®
HIGHER LEARNING

Boston, Massachusetts

ISBN: 978-1-61857-209-7

5 6 7 8 9 PP 17 16

# Table of Contents

## contextos

**1**  **El cuerpo humano** Label the parts of the body.

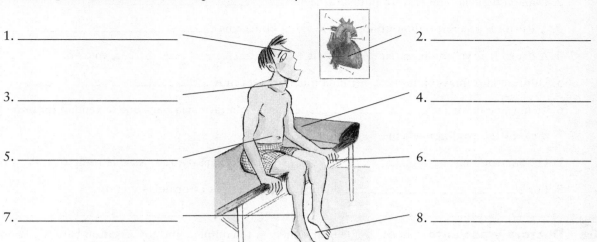

1. _____
2. _____
3. _____
4. _____
5. _____
6. _____
7. _____
8. _____

**2**  **¿Adónde vas?** Indicate where you would go in each of the following situations.

| la clínica | el dentista | el hospital |
|---|---|---|
| el consultorio | la farmacia | la sala de emergencia |

1. Tienes que comprar aspirinas. _____

2. Te duele un diente. _____

3. Te rompes una pierna. _____

4. Te debes hacer un examen médico. _____

5. Te van a hacer una operación. _____

6. Te van a poner una inyección. _____

**3**  **Las categorías** List these terms under the appropriate category.

| antibiótico | gripe | receta |
|---|---|---|
| aspirina | operación | resfriado |
| estornudos | pastilla | tomar la temperatura |
| fiebre | radiografía | tos |

Síntoma: _____

Enfermedad: _____

Diagnóstico: _____

Tratamiento (*Treatment*): _____

_____

**Lección 1**

**4** **En el consultorio** Complete the sentences with the correct words.

1. La señora Gandía va a tener un hijo en septiembre. Está _____.

2. Manuel tiene la temperatura muy alta. Tiene _____.

3. A Rosita le recetaron un antibiótico y le van a poner una _____.

4. A Pedro le cayó una mesa en el pie. El pie le _____ mucho.

5. Durante la primavera, mi tía estornuda mucho y está muy _____.

6. Tienes que llevar la _____ a la farmacia para que te vendan (*in order for

   them to sell you*) la medicina.

7. Le tomaron una _____ de la pierna para ver si se le rompió.

8. Los _____ de un resfriado son los estornudos y la tos.

**5** **Doctora y paciente** Choose the logical sentences to complete the conversation between la doctora Pérez and José Luis.

**DOCTORA** ¿Qué síntomas tiene?

**JOSÉ LUIS** (1) _____
a. Tengo tos y me duele la cabeza.
b. Soy muy saludable.
c. Me recetaron un antibiótico.

**DOCTORA** (2) _____
a. ¿Cuándo fue el accidente?
b. ¿Le dio fiebre ayer?
c. ¿Dónde está la sala de emergencia?

**JOSÉ LUIS** (3) _____
a. Fue a la farmacia.
b. Me torcí el tobillo.
c. Sí, mi esposa me tomó la temperatura.

**DOCTORA** (4) _____
a. ¿Está muy congestionado?
b. ¿Está embarazada?
c. ¿Le duele el dedo del pie?

**JOSÉ LUIS** (5) _____
a. Sí, me hicieron una operación.
b. Sí, estoy mareado.
c. Sí, y también me duele la garganta.

**DOCTORA** (6) _____
a. Tiene que ir al consultorio.
b. Es una infección de garganta.
c. La farmacia está muy cerca.

**JOSÉ LUIS** (7) _____
a. ¿Tengo que tomar un antibiótico?
b. ¿Debo ir al dentista?
c. ¿Qué indican las radiografías?

**DOCTORA** (8) _____
a. Sí, es usted una persona saludable.
b. Sí, se lastimó el pie.
c. Sí, ahora se lo voy a recetar.

**Lección 1 Contextos** Activities

## estructura

# 1.1 The imperfect tense

**1** **¿Cómo eran las cosas?** Complete the sentences with the imperfect forms of the verbs in parentheses.

1. Antes, la familia Álvarez _____ (cenar) a las ocho de la noche.

2. De niña, yo _____ (cantar) en el Coro de Niños de San Juan.

3. Cuando vivían en la costa, ustedes _____ (nadar) por las mañanas.

4. Mis hermanas y yo _____ (jugar) en un equipo de béisbol.

5. La novia de Raúl _____ (tener) el pelo rubio en ese tiempo.

6. Antes de tener la computadora, (tú) _____ (escribir) a mano (*by hand*).

7. (nosotros) _____ (creer) que el concierto era el miércoles.

8. Mientras ellos lo _____ (buscar) en su casa, él se fue a la universidad.

**2** **Oraciones imperfectas** Create sentences with the elements provided and the imperfect tense.

1. mi abuela / ser / muy trabajadora y amable

_____

2. tú / ir / al teatro / cuando vivías en Nueva York

_____

3. ayer / haber / muchísimos pacientes en el consultorio

_____

4. (nosotros) / ver / tu casa desde allí

_____

5. ser / las cinco de la tarde / cuando llegamos a San José

_____

6. ella / estar / muy nerviosa durante la operación

_____

**3** **No, pero antes...** Your nosy friend Cristina is asking you many questions. Answer her questions negatively, using the imperfect tense.

> **modelo**
> ¿Juega Daniel al fútbol?
> No, pero antes jugaba.

1. ¿Hablas por teléfono? _____

2. ¿Fue a la playa Susana? _____

3. ¿Come carne Benito? _____

4. ¿Te trajo muchos regalos tu novio? _____

5. ¿Conduce tu mamá? _____

**4** **¿Qué hacían?** Write sentences that describe what the people in the drawings were doing yesterday at three o'clock in the afternoon. Use the subjects provided and the imperfect tense.

 1. Tú

_____

_____

 2. Rolando

_____

_____

 3. Pablo y Elena

_____

_____

 4. Lilia y yo

_____

_____

**5** **Antes y ahora** Javier is thinking about his childhood—how things were then and how they are now. Write two sentences comparing what Javier used to do and what he does now.

> **modelo**
>
> vivir en un apartamento pequeño / vivir en una casa grande
> Antes (yo) vivía en un apartamento pequeño.
> Ahora vivo en una casa grande.

1. jugar al fútbol con mis primos / jugar en el equipo del colegio

_____

_____

2. escribir las cartas a mano / escribir el correo electrónico con la computadora

_____

_____

3. ser gordito (*chubby*) / ser delgado

_____

_____

4. tener a mis primos cerca / tener a mis primos lejos

_____

_____

5. estudiar en mi habitación / estudiar en la biblioteca

_____

_____

6. conocer a personas de mi ciudad / conocer a personas de todo el (*the whole*) país

_____

_____

**Lección 1 Estructura** Activities

# 1.2 The preterite and the imperfect

**1** **Los accidentes** Complete the sentences correctly with imperfect or preterite forms of the verbs in parentheses.

1. Claudia _____ (celebrar) su cumpleaños cuando se torció el tobillo.

2. Ramiro tenía fiebre cuando _____ (llegar) a la clínica.

3. Mientras el doctor _____ (mirar) la radiografía, yo llamé por teléfono a mi novia.

4. (yo) _____ (estar) mirando la televisión cuando mi mamá se lastimó la mano con la puerta.

5. Cuando Sandra llegó a la universidad, _____ (tener) un dolor de cabeza terrible.

6. ¿De niño (tú) _____ (enfermarse) con frecuencia?

7. El verano pasado, Luis y Olivia _____ (sufrir) una enfermedad exótica.

8. Anoche, mi primo y yo _____ (perder) la receta de mi tía.

**2** **Antes y ayer** Complete each pair of sentences by using the imperfect and preterite forms of the verbs in parentheses.

(bailar)

1. Cuando era pequeña, Sara _____ ballet todos los lunes y miércoles.

2. Ayer Sara _____ ballet en el recital de la universidad.

(escribir)

3. La semana pasada, (yo) _____ mi tarea en la computadora.

4. Antes (yo) _____ la tarea a mano.

(ser)

5. El novio de María _____ delgado y deportista.

6. El viaje de novios _____ una experiencia inolvidable (*unforgettable*).

(haber)

7. _____ una fiesta en casa de Maritere el viernes pasado.

8. Cuando llegamos a la fiesta, _____ mucha gente.

(ver)

9. El lunes (yo) _____ a mi prima Lisa en el centro comercial.

10. De niña, yo _____ a Lisa todos los días.

**Lección 1**

**3**  **¿Qué pasaba?** Look at the drawings, then complete the sentences using the preterite or imperfect.

1. Cuando llegué a casa anoche, las

niñas _____

_____ .

2. Cuando empezó a llover, Sara

_____

_____ .

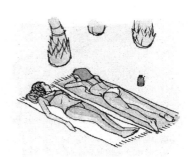

3. Antes de irse de vacaciones, la señora

García _____

_____ .

4. Cada verano, las chicas

_____

_____ .

**4**  **El pasado** Decide whether the verbs in parentheses should be in the preterite or the imperfect. Then rewrite the sentences.

1. Ayer Clara (ir) a casa de sus primos, (saludar) a su tía y (comer) con ellos.

_____

2. Cuando Manuel (vivir) en San José, (conducir) muchos kilómetros todos los días.

_____

3. Mientras Carlos (leer) las traducciones (*translations*), Blanca (traducir) otros textos.

_____

4. El doctor (terminar) el examen médico y me (recetar) un antibiótico.

_____

5. La niña (tener) ocho años y (ser) inteligente y alegre.

_____

6. Rafael (cerrar) todos los programas, (apagar) la computadora y (irse).

_____

**5** **¡Qué diferencia!** Complete this paragraph with the preterite or the imperfect of the verbs in parentheses.

La semana pasada (yo) (1) _____ (llegar) a la universidad y me di cuenta (*realized*) de que este año iba a ser muy diferente a los anteriores. Todos los años Laura y yo (2) _____ (vivir) con Regina, pero la semana pasada (nosotras) (3) _____ (conocer) a nuestra nueva compañera de cuarto, Gisela. Antes Laura, Regina y yo (4) _____ (tener) un apartamento muy pequeño, pero al llegar la semana pasada, (nosotras) (5) _____ (ver) el apartamento nuevo: es enorme y tiene mucha luz. Antes de vivir con Gisela, Laura y yo no (6) _____ (poder) leer el correo electrónico desde la casa, pero ayer Gisela (7) _____ (conectar) su computadora a Internet y todas (8) _____ (mirar) nuestros mensajes. Antes (nosotras) siempre (9) _____ (caminar) hasta la biblioteca para ver el correo, pero anoche Gisela nos (10) _____ (decir) que podemos compartir su computadora. ¡Qué diferencia!

**6** **¿Dónde estabas?** Write questions and answers with the words provided. Ask where these people were when something happened.

**modelo**
Jimena ⟶ Marissa / salir a comer // cuarto / dormir la siesta
¿Dónde estaba Jimena cuando Marissa salió a comer?
Jimena estaba en el cuarto. Dormía la siesta.

1. Miguel ⟶ (yo) / llamar por teléfono // cocina / lavar los platos

_____

2. (tú) ⟶ Juan Carlos y yo / ir al cine // casa / leer una revista

_____

3. tu hermano ⟶ empezar a llover // calle / pasear en bicicleta

_____

4. ustedes ⟶ Felipe / venir a casa // estadio / jugar al fútbol

_____

5. Jimena y Felipe ⟶ (tú) / saludarlos // supermercado / hacer las compras

_____

**7**  **El diario de Laura** Laura has just found a page from her old diary. Rewrite the page in the past tense, using the preterite and imperfect forms of the verbs as appropriate.

Querido diario:

Estoy pasando el verano en Alajuela, y es un lugar muy divertido. Salgo con mis amigas todas las noches hasta tarde. Bailamos con nuestros amigos y nos divertimos mucho. Durante la semana trabajo: doy clases de inglés. Los estudiantes son alegres y se interesan mucho por aprender. El día de mi cumpleaños conocí a un chico muy simpático que se llama Francisco. Me llamó al día siguiente (*next*) y nos vemos todos los días. Me siento enamorada de él.

_____

_____

_____

_____

_____

_____

_____

_____

_____

_____

**8**  **Un día en la playa** Laura is still reading her old diary. Rewrite this paragraph, using the preterite or imperfect forms of the verbs in parentheses as appropriate.

Querido diario:

Ayer mi hermana y yo (ir) a la playa. Cuando llegamos, (ser) un día despejado con mucho sol, y nosotras (estar) muy contentas. A las doce (comer) unos sándwiches de almuerzo. Los sándwiches (ser) de jamón y queso. Luego (descansar) y entonces (nadar) en el mar. Mientras (nadar), (ver) a las personas que (practicar) el esquí acuático. (Parecer) muy divertido, así que (decidir) probarlo. Mi hermana (ir) primero, mientras yo la (mirar). Luego (ser) mi turno. Las dos (divertirse) mucho esa tarde.

_____

_____

_____

_____

_____

_____

_____

_____

**Lección 1 Estructura** Activities

# 1.3 Constructions with se

**1** **¿Qué se hace?** Complete the sentences with verbs from the word bank. Use impersonal constructions with **se** in the present tense.

| caer | hablar | recetar | vender |
|------|--------|---------|--------|
| dañar | poder | servir | vivir |

1. En Costa Rica _____ español.

2. En las librerías _____ libros y revistas.

3. En los restaurantes _____ comida.

4. En los consultorios _____ medicinas.

5. En el campo _____ muy bien.

6. En el mar _____ nadar y pescar.

**2** **Los anuncios** Write advertisements or signs for the situations described. Use impersonal constructions with **se**.

1. "Está prohibido fumar".

2. "Vendemos periódicos".

3. "Hablamos español".

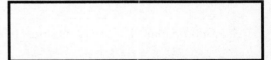

4. "Necesitamos enfermeras".

5. "No debes nadar".

6. "Estamos buscando un auto usado".

**3** **¿Qué les pasó?** Complete the sentences with the correct indirect object pronouns.

1. Se _____ perdieron las maletas a Roberto.

2. A mis hermanas se _____ cayó la mesa.

3. A ti se _____ olvidó venir a buscarme ayer.

4. A mí se _____ quedó la ropa nueva en mi casa.

5. A las tías de Ana se _____ rompieron los vasos.

6. A Isabel y a mí se _____ dañó el auto.

Lección 1

**4**  **Los accidentes** Your classmates are very unlucky. Rewrite what happened to them, using the correct form of the verb in parentheses.

1. A Marina se le (cayó, cayeron) la bolsa.

_____

2. A ti se te (olvidó, olvidaron) comprarme la medicina.

_____

3. A nosotros se nos (quedó, quedaron) los libros en el auto.

_____

4. A Ramón y a Pedro se les (dañó, dañaron) la computadora.

_____

**5**  **Mala suerte** You and your family are trying to go on vacation, but everything is going wrong. Use the elements provided, the preterite tense, and constructions with **se** to write sentences.

> **modelo**
>
> (a Raquel) / olvidar / traer su pasaporte
> *Se le olvidó traer su pasaporte.*

1. (a papá) / perder / las llaves del auto

_____

2. (a mis hermanos) / olvidar / ponerse las inyecciones

_____

3. (a ti) / caer / los papeles del médico

_____

4. (a Marcos) / romper / su disco compacto favorito

_____

5. (a mí) / dañar / la cámara durante el viaje

_____

**6**  **¿Qué pasó?** As the vacation goes on, you and your family have more bad luck. Answer the questions, using the phrases in parentheses and the preterite tense.

> **modelo**
>
> ¿Qué le pasó a Roberto? (quedar la cámara nueva en casa)
> *Se le quedó la cámara nueva en casa.*

1. ¿Qué les pasó a mamá y a papá? (dañar el coche)

_____

2. ¿Qué les pasó a Sara y a Raquel? (romper las gafas de sol [*sunglasses*])

_____

3. ¿Qué te pasó a ti? (perder las llaves del hotel)

_____

4. ¿Qué les pasó a ustedes? (quedar las toallas en la playa)

_____

5. ¿Qué le pasó a Hugo? (olvidar estudiar para el examen en el avión)

_____

# 1.4 Adverbs

**1**  **En mi ciudad**  Complete the sentences by changing the adjectives in the first sentences into adverbs in the second.

1. Los conductores son lentos. Conducen _____.

2. Esa doctora es amable. Siempre nos saluda _____.

3. Los autobuses de mi ciudad son frecuentes. Pasan por la parada _____.

4. Rosa y Julia son chicas muy alegres. Les encanta bailar y cantar _____.

5. Mario y tú hablan un español perfecto. Hablan español _____.

6. Los pacientes visitan al doctor de manera constante. Lo visitan _____.

7. Llegar tarde es normal para David. Llega tarde _____.

8. Me gusta trabajar de manera independiente. Trabajo _____.

**2**  **Completar**  Complete the sentences with adverbs and adverbial expressions from the word bank. Use each term once.

| a menudo | así | por lo menos |
|----------|-----|--------------|
| a tiempo | bastante | pronto |
| apenas | casi | |

1. Tito no es un niño muy sano. Se enferma _____.

2. El doctor Garrido es muy puntual. Siempre llega al consultorio _____.

3. Mi madre visita al doctor con frecuencia. Se chequea _____ una vez cada año.

4. Fui al doctor el año pasado. Tengo que volver _____.

5. Llegué tarde al autobús y _____ tengo que ir al centro caminando.

6. El examen fue _____ difícil.

**3**  **Traducir**  Complete the sentences with the adverbs or adverbial phrases that correspond to the words in parentheses.

1. Llegaron temprano al concierto; _____ (so), consiguieron asientos muy buenos.

2. El accidente fue _____ (rather) grave, pero al conductor no se le rompió ningún hueso.

3. Irene y Vicente van a comer _____ (less) porque quieren estar más delgados.

4. Silvia y David _____ (almost) se cayeron de la motocicleta cerca de su casa.

5. Para aprobar (pass) el examen, tienes que contestar _____ (at least) el 75 por ciento de las preguntas.

6. Mi mamá _____ (sometimes) se tuerce el tobillo cuando camina mucho.

**4** **Háblame de ti** Answer the questions using the adverbs and adverbial phrases that you learned in this lesson. Do not repeat the adverb or adverbial phrase of the question. Then, say how long ago you last did each activity.

> modelo
>
> ¿Vas a la playa siempre?
> No, voy a la playa a veces. Hace cuatro meses que no voy a la playa.

1. ¿Tú y tus amigos van al cine con frecuencia?

   _____

2. ¿Comes comida china?

   _____

3. ¿Llegas tarde a tu clase de español?

   _____

4. ¿Te enfermas con frecuencia?

   _____

5. ¿Comes carne?

   _____

## Síntesis

Think of a summer in which you did a lot of different things on vacation or at home. State exceptional situations or activities that you did just once. Then state the activities that you used to do during that summer; mention which of those things you still do in the present. How often did you do those activities then? How often do you do them now? How long ago did you do some of those things? Create a "photo album" of that summer, using actual photographs if you have them, or drawings that you make. Use your writing about the summer as captions for the photo album.

_____

_____

_____

_____

_____

_____

_____

_____

_____

_____

## panorama

# Costa Rica

**1** **El mapa de Costa Rica** Label the map of Costa Rica.

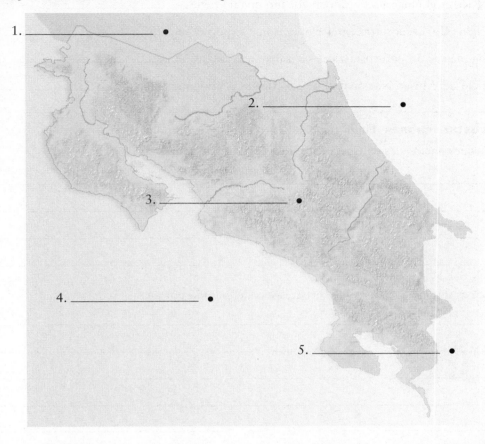

1. _____
2. _____
3. _____
4. _____
5. _____

**2** **¿Cierto o falso?** Indicate whether the statements are **cierto** or **falso**. Correct the false statements.

1. Los parques nacionales costarricenses se establecieron para el turismo.

_____

2. Costa Rica fue el primer país centroamericano en desarrollar la industria del café.

_____

3. El café representa más del 50% de las exportaciones anuales de Costa Rica.

_____

4. Costa Rica tiene un nivel de alfabetización del 96%.

_____

5. El ejército de Costa Rica es uno de los más grandes y preparados de Latinoamérica.

_____

6. En Costa Rica se eliminó la educación gratuita para los costarricenses.

_____

**Lección 1 Panorama** Activities

**3** **Costa Rica** Complete the sentences with the correct words.

1. Costa Rica es el país de Centroamérica con la población más _____.

2. La moneda que se usa en Costa Rica es _____.

3. Costa Rica es el único país latinoamericano que no tiene _____.

4. En el siglo XIX los costarricenses empezaron a exportar su café a _____.

5. Hoy día más de 50.000 costarricenses trabajan _____ café.

6. El edificio del Museo Nacional de Costa Rica es el antiguo _____.

**4** **Datos costarricenses** Fill in the blanks with the correct information.

En los parques nacionales de Costa Rica, los ecoturistas pueden ver:

1. _____    5. _____

2. _____    6. _____

3. _____    7. _____

4. _____    8. _____

Costa Rica es uno de los países más progresistas del mundo porque:

9. _____

10. _____

11. _____

12. _____

**5** **Completar** Use impersonal constructions with **se** to complete the sentences. Be sure to use the correct tense of the verbs in the word bank.

> *modelo*
>
> En Costa Rica ahora *se pone* más dinero en la educación y las artes.

| | | | |
|---|---|---|---|
| comprar | establecer | eliminar | poder |
| empezar | invertir | ofrecer | proveer |

1. En Costa Rica _____ y se vende en colones.

2. El sistema de parques nacionales _____ para la protección de los ecosistemas.

3. En los parques, los animales _____ ver en su hábitat natural.

4. En el siglo XIX _____ a exportar el café costarricense.

5. En Costa Rica _____ educación gratuita a todos los ciudadanos.

6. En 1870 _____ la pena de muerte en Costa Rica.

## contextos

# Lección 2

**1** **La tecnología** Fill in the blanks with the correct terms.

1. Para navegar en la red sin cables (*wires*) necesitas _____.

2. Para hacer videos de tu familia puedes usar _____.

3. Cuando vas a un sitio web, lo primero (*the first thing*) que ves es _____.

4. Si alguien te llama a tu celular y no respondes, te puede dejar un mensaje en _____.

5. La red de computadoras y servidores más importante del mundo es _____.

6. Para poder ver muchos canales, tienes que tener _____.

**2** **Eso hacían** Match a subject from the word bank to each verb phrase. Then write complete sentences for the pairs using the imperfect.

| | | |
|---|---|---|
| muchos jóvenes estadounidenses | el conductor del autobús | el mecánico de Jorge |
| el carro viejo | la impresora nueva | el teléfono celular |

1. manejar lentamente por la nieve

_____

2. imprimir los documentos muy rápido

_____

3. revisarle el aceite al auto todos los meses

_____

4. sonar insistentemente, pero nadie responder

_____

5. no arrancar cuando llover

_____

6. navegar en Internet cuando eran niños

_____

**3** **La computadora** Label the drawing with the correct terms.

1. _____

2. _____

5. _____

3. _____

4. _____

6. _____

7. _____

**4**  **Preguntas** Answer the questions with complete sentences.

1. ¿Para qué se usa la impresora?

_____

2. ¿Para qué se usan los frenos (*brakes*) del coche?

_____

3. ¿Qué se usa para conducir por carreteras que no conoces?

_____

4. ¿Qué se usa para llevar el carro a la derecha o a la izquierda?

_____

5. ¿Qué se usa para cambiar los canales del televisor?

_____

6. ¿Para qué se usa la llave del carro?

_____

**5**  **Mi primer día en la carretera** Complete the paragraph with terms from the word bank.

| | | |
|---|---|---|
| accidente | estacionar | policía |
| aceite | lento | revisar |
| arrancar | licencia de conducir | subir |
| autopista | llanta | taller mecánico |
| calle | lleno | tráfico |
| descargar | parar | velocidad máxima |

Después de dos exámenes, conseguí mi (1) _____ para poder manejar legalmente

por primera vez. Estaba muy emocionado cuando (2) _____ al carro de mi papá.

El tanque estaba (3) _____ y el (4) _____ lo revisaron el día

anterior (*previous*) en el (5) _____. El carro y yo estábamos listos para

(6) _____. Primero salí por la (7) _____ en donde está mi

casa. Luego llegué a un área de la ciudad donde había mucha gente y también mucho

(8) _____. Se me olvidó (9) _____ en el semáforo (*light*), que

estaba amarillo, y estuve cerca de tener un (10) _____. Sin saberlo, entré en la

(11) _____ interestatal (*interstate*). La (12) _____ era de 70

millas (*miles*) por hora, pero yo estaba tan nervioso que iba mucho más (13) _____,

a 10 millas por hora. Vi un carro de la (14) _____ y tuve miedo. Por eso volví a

casa y (15) _____ el carro en la calle. ¡Qué aventura!

## estructura

## 2.1 Familiar commands

**1**  **Cosas por hacer**  Read the list of things to do. Then use familiar commands to finish the e-mail from Ana to her husband, Eduardo, about the things that he has to do before their vacation.

| | |
|---|---|
| comprar un paquete de papel para la impresora | revisar el aceite del carro |
| ir al sitio web de la agencia de viajes y pedir la información sobre nuestro hotel | comprobar que tenemos una llanta extra |
| | limpiar el parabrisas |
| imprimir la información | llenar el tanque de gasolina |
| terminar de hacer las maletas | venir a buscarme a la oficina |

| Para Eduardo | De Ana | Asunto Cosas por hacer |
|---|---|---|

Hola mi amor, éstas son las cosas por hacer antes de salir para Mar del Plata:

_____

_____

_____

_____

_____

_____

**2**  **Díselo**  You are feeling bossy today. Give your friends instructions based on the cues provided using familiar commands.

> **modelo**
> Ramón / comprarte un disco compacto en Mendoza
> *Ramón, cómprame un disco compacto en Mendoza.*

1. Mario / traerte la cámara digital que le regaló Gema

_____

2. Natalia / escribirle un mensaje de texto a su hermana

_____

3. Martín / llamarlos por teléfono celular

_____

4. Gloria / hacer la cama antes de salir

_____

5. Carmen / no revisar el aceite hasta la semana que viene

_____

6. Lilia / enseñarte a manejar

_____

**Lección 2**

**3** **Planes para el invierno** Rewrite this paragraph from a travel website. Use familiar commands instead of the infinitives you see.

Este invierno, (decirles) adiós al frío y a la nieve. (Descubrir) una de las más grandes maravillas (*marvels*) naturales del mundo (*world*). (Ir) al Parque Nacional Iguazú en Argentina y (visitar) las hermosas cascadas. (Explorar) el parque y (mirar) las más de 400 especies de pájaros y animales que viven ahí. (Visitar) este santuario de la naturaleza en los meses de enero a marzo y (disfrutar) de una temperatura promedio de 77°F. Para unas vacaciones de aventura, (hacer) un safari por la selva (*jungle*) o (reservar) una excursión por el río Iguazú. De noche, (dormir) en uno de nuestros exclusivos hoteles en medio de la selva. (Respirar) el aire puro y (probar) la deliciosa comida de la región.

**Invierno en Argentina**

_____
_____
_____
_____
_____
_____
_____
_____

**4** **¿Qué hago?** Clara's brother Manuel is giving her a driving lesson, and Clara has a lot of questions. Write Manuel's answers to her questions in the form of positive or negative familiar commands.

> **modelo**
> ¿Tengo que comprar gasolina?
> *Sí, compra gasolina./No, no compres gasolina.*

1. ¿Puedo hablar por teléfono celular con mis amigos?

_____

2. ¿Puedo manejar en la autopista?

_____

3. ¿Debo estacionar por aquí?

_____

4. ¿Debo sacar mi licencia de conducir?

_____

5. ¿Puedo bajar por esta calle?

_____

6. ¿Tengo que seguir el tráfico?

_____

# 2.2 Por and para

**1** **Para éste o por aquello** Complete the sentences with **por** or **para** as appropriate.

1. Pudieron terminar el trabajo _____ haber empezado (*having begun*) a tiempo.

2. Ese *fax* es _____ enviar y recibir documentos de la compañía.

3. Elsa vivió en esa ciudad _____ algunos meses hace diez años.

4. Mi mamá compró esta computadora portátil _____ mi papá.

5. Sales _____ Argentina mañana a las ocho y media.

6. Rosaura cambió el estéreo _____ el reproductor de MP3.

7. El señor López necesita el informe _____ el 2 de agosto.

8. Estuve estudiando toda la noche _____ el examen.

9. Los turistas fueron de excursión _____ las montañas.

10. Mis amigos siempre me escriben _____ correo electrónico.

**2** **Por muchas razones** Complete the sentences with the expressions in the word bank. Note that you will use two of them twice.

| por aquí | por eso |
|----------|---------|
| por ejemplo | por fin |

1. Ramón y Sara no pudieron ir a la fiesta anoche; _____ no los viste.

2. Buscaron el vestido perfecto por mucho tiempo, y _____ lo encontraron en esa tienda.

3. Creo que va a ser difícil encontrar un teclado y un monitor _____.

4. Pídele ayuda a uno de tus amigos, _____, Miguel, Carlos o Francisco.

5. Miguel y David no saben si podemos pasar _____ en bicicleta.

6. El monitor no está conectado, _____ no funciona.

**3** **Por y para** Complete the sentences with **por** or **para**.

1. Fui a comprar frutas _____ (*instead of*) mi madre.

2. Fui a comprar frutas _____ (*to give to*) mi madre.

3. Rita le dio dinero _____ (*in order to buy*) la computadora portátil.

4. Rita le dio dinero _____ (*in exchange for*) la computadora portátil.

5. La familia los llevó _____ (*through*) los Andes.

6. La familia los llevó _____ (*to*) los Andes.

**Lección 2**

**4** **Escribir oraciones** Write sentences in the preterite, using the elements provided and **por** or **para**.

(tú) / salir en el auto / ¿? / Córdoba
*Saliste en el auto para Córdoba.*

1. Ricardo y Emilia / traer un pastel / ¿? / su prima

_____

2. los turistas / llegar a las ruinas / ¿? / barco

_____

3. (yo) / tener un resfriado / ¿? / el frío

_____

4. mis amigas / ganar dinero / ¿? / viajar a Suramérica

_____

5. ustedes / buscar a Teresa / ¿? / toda la playa

_____

6. el avión / salir a las doce / ¿? / Buenos Aires

_____

**5** **Para Silvia** Complete the paragraph with **por** and **para**.

Fui a la agencia de viajes porque quería ir (1) _____ Mendoza

(2) _____ visitar a mi novia, Silvia. Entré (3) _____ la

puerta y Marta, la agente de viajes, me dijo: "¡Tengo una oferta excelente (4) _____

ti!". Me explicó que podía viajar en avión (5) _____ Buenos Aires

(6) _____ seiscientos dólares. Podía salir un día de semana,

(7) _____ ejemplo lunes o martes. Me podía quedar en un hotel en Buenos Aires

(8) _____ quince dólares (9) _____ noche. Luego viajaría

(10) _____ tren a Mendoza (11) _____ encontrarme con

Silvia. "Debes comprar el pasaje (12) _____ el fin de mes", me recomendó

Marta. Fue la oferta perfecta (13) _____ mí. Llegué a Mendoza y Silvia fue a la

estación (14) _____ mí. Llevé unas flores (15) _____ ella.

Estuve en Mendoza (16) _____ un mes y (17) _____ fin

Silvia y yo nos comprometimos. Estoy loco (18) _____ ella.

# 2.3 Reciprocal reflexives

**1** **Se conocen** Complete the sentences with the reciprocal reflexives of the verbs in parentheses. Use the present tense.

1. Andrea y Daniel _____ (ver) todos los días.

2. Los amigos _____ (encontrar) en el centro de la ciudad.

3. El padre y la madre de Lisa _____ (querer) mucho.

4. Javier y yo _____ (saludar) por las mañanas.

5. Los compañeros de clase _____ (ayudar) con las tareas.

6. Paula y su mamá _____ (llamar) por teléfono todos los días.

**2** **Nos vemos** Complete the sentences with the reciprocal reflexives of the verbs in the word bank.

| abrazar | besar | encontrar | mirar | saludar |
| ayudar | despedir | llamar | querer | ver |

1. Cuando los estudiantes llegan a clase, todos _____.

2. Hace seis meses que Ricardo no ve a su padre. Cuando se ven, _____.

3. Los buenos amigos _____ cuando tienen problemas.

4. Es el final de la boda. El novio y la novia _____.

5. Mi novia y yo nos vamos a casar porque _____ mucho.

6. Antes de irse a sus casas, todos los amigos de Irene y Vicente _____.

7. Hablo todos los días con mi hermana. Nosotras _____ todos los días.

8. Cuando Sandra sale a comer con sus amigas, ellas _____ en el restaurante.

**3** **Así fue** Write sentences from the elements provided. Use reciprocal reflexives and the preterite of the verbs.

1. ayer / Felipe y Lola / enviar / mensajes por correo electrónico

_____

2. Raúl y yo / encontrar / en el centro de computación

_____

3. mis abuelos / querer / mucho toda la vida

_____

4. los protagonistas de la película / abrazar y besar / al final

_____

5. esos hermanos / ayudar / a conseguir trabajo

_____

**Lección 2**

**4** **Noticias (News) de Alma** Read the letter from Alma, then complete the sentences about the letter with reciprocal reflexive forms of the correct verbs.

---

Querida Claudia:

Conocí a Manolo el mes pasado en Buenos Aires. Desde el día en que lo conocí, lo veo todos los días. Cuando salgo de la universidad me encuentro con él en algún lugar de la ciudad. Nuestro primer beso fue en el parque. Anoche Manolo me dijo que me quiere a mí y yo le dije que lo quiero mucho a él. Siempre nos ayudamos con las tareas de la universidad. Llamo mucho a mi hermana y ella me llama a mí para hablar de nuestras cosas. Mi hermana me entiende muy bien y viceversa.

Hasta luego,

Alma

---

1. Manolo y Alma _____ el mes pasado en Buenos Aires.

2. Ellos _____ todos los días desde que se conocieron.

3. Manolo y Alma _____ después de clase en algún lugar de la ciudad.

4. La primera vez que _____, Manolo y Alma estaban en el parque.

5. Anoche Manolo y Alma _____ que se quieren mucho.

6. Manolo y Alma siempre _____ con las tareas de la universidad.

7. Alma y su hermana _____ mucho para hablar de sus cosas.

8. Alma y su hermana _____ muy bien.

**5** **Completar** Complete each pair of sentences with the preterite of the verbs in parentheses. Use the reciprocal reflexive verb in only one sentence in each pair.

(conocer)

1. Ricardo y Juan _____ a Cristina el año pasado.

2. Los González _____ en un viaje por Europa.

(saludar)

3. Los chicos _____ cuando llegaron al restaurante.

4. La camarera _____ a los chicos cuando les trajo el menú.

(ayudar)

5. Las enfermeras _____ al paciente a levantarse.

6. Los niños _____ para terminar la tarea más temprano.

(ver)

7. Los mecánicos _____ los coches descompuestos.

8. El profesor y los estudiantes _____ por primera vez en clase.

**Lección 2**

# 2.4 Stressed possessive adjectives and pronouns

**1**  **Esas cosas tuyas**  Fill in the blanks with the possessive adjectives as indicated.

1. Ana nos quiere mostrar unas fotos _____ (*of hers*).

2. A Lorena le encanta la ropa _____ (*of ours*).

3. Los turistas traen las toallas _____ (*of theirs*).

4. El mecánico te muestra unos autos _____ (*of his*).

5. El sitio web _____ (*of his*) es espectacular.

6. ¿Quieres probar el programa de computación _____ (*of ours*)?

7. Roberto prefiere usar la computadora _____ (*of mine*).

8. Ese ratón _____ (*of yours*) es el más moderno que existe.

**2**  **¿De quién es?**  Complete the sentences with possessive adjectives.

1. Ésa es mi computadora. Es la computadora _____.

2. Vamos a ver su sitio web. Vamos a ver el sitio web _____.

3. Aquéllos son mis archivos. Son los archivos _____.

4. Quiero usar el programa de él. Quiero usar el programa _____.

5. Buscamos la impresora de nosotros. Buscamos la impresora _____.

6. Ésos son los discos compactos de ella. Son los discos compactos _____.

7. Tienen que arreglar tu teclado. Tienen que arreglar el teclado _____.

8. Voy a usar el teléfono celular de ustedes. Voy a usar el teléfono celular _____.

**3**  **Los suyos**  Answer the questions. Follow the model.

> **modelo**
> ¿Vas a llevar tu cámara de video?
> *Sí, voy a llevar la mía.*

1. ¿Prefieres usar tu cámara digital? _____

2. ¿Quieres usar nuestra conexión inalámbrica? _____

3. ¿Guardaste mis archivos? _____

4. ¿Llenaste el tanque de su carro? _____

5. ¿Manejó Sonia nuestro carro? _____

6. ¿Vas a comprar mi televisor? _____

7. ¿Rompiste la pantalla táctil de ellos? _____

8. ¿Escribiste tu blog de viajes? _____

**Lección 2**

**4**  **¿De quién son?**  Replace the question with one using **de** to clarify the possession. Then answer the question affirmatively, using a possessive pronoun.

> **modelo**
>
> ¿Es suyo el teléfono celular? (de ella)
>
> ¿Es de ella el teléfono celular? Sí, es suyo.

1. ¿Son suyas las gafas? (de usted)

   _____

2. ¿Es suyo el estéreo? (de Joaquín)

   _____

3. ¿Es suya la impresora? (de ellos)

   _____

4. ¿Son suyos esos reproductores de DVD? (de Susana)

   _____

5. ¿Es suyo el coche? (de tu mamá)

   _____

6. ¿Son suyas estas cámaras de video? (de ustedes)

   _____

# Síntesis

Tell the story of a romantic couple you know. Use reciprocal reflexive forms of verbs to tell what happened between them and when. Use stressed possessive adjectives and pronouns as needed to talk about their families and their difficulties. Use familiar commands to give examples of advice you give to each member of the couple on important issues.

_____

_____

_____

_____

_____

_____

_____

_____

_____

_____

_____

Lección 2

## panorama

## Argentina

**1** **Argentina** Fill in the blanks with the correct terms.

1. La ciudad de Buenos Aires se conoce como el _____.

2. Se dice que Argentina es el país más _____ de toda Latinoamérica.

3. Después de 1880, muchos _____ se establecieron en Argentina.

4. Los sonidos y ritmos del tango tienen raíces _____,

_____ y _____.

5. A los habitantes de Buenos Aires se les llama _____.

6. El nombre de la Avenida 9 de Julio conmemora la _____ de Argentina.

**2** **Palabras desordenadas** Unscramble the words about Argentina, using the clues.

1. DMAEZON _____
(una de las principales ciudades argentinas)

2. ESEDREMC _____
(nombre de una cantante argentina)

3. GAIOATNAP _____
(región fría que está en la parte sur (*south*) de Argentina)

4. REGTARLNIA _____
(uno de los países de origen de muchos inmigrantes en Argentina)

5. OTÑSOERP _____
(personas de Buenos Aires)

6. TOORVPOAVCI _____
(una característica del baile del tango en un principio)

**3** **Datos argentinos** Fill in the blanks with the aspects of Argentina described.

1. saxofonista argentino _____

2. las tres mayores ciudades de Argentina _____

3. países de origen de muchos inmigrantes argentinos _____

4. escritor argentino célebre _____

5. países que comparten las cataratas del Iguazú _____

6. primera dama argentina; nació en 1919 _____

**4**   **Fotos de Argentina**   Label the photographs from Argentina.

1. _____   2. _____

**5**   **¿Cierto o falso?**   Indicate whether the statements are **cierto** or **falso**. Correct the false statements.

1. Argentina es el país más grande del mundo.

_____

2. La Avenida 9 de Julio en Buenos Aires es la calle más ancha del mundo.

_____

3. Los idiomas que se hablan en Argentina son el español y el inglés.

_____

4. Los inmigrantes que llegaron a Argentina eran principalmente de Europa.

_____

5. El tango es un género musical con raíces indígenas y africanas.

_____

6. Las cataratas del Iguazú están cerca de la confluencia de los ríos Iguazú y Paraná.

_____

**6**   **Preguntas argentinas**   Answer the questions with complete sentences.

1. ¿Por qué se conoce a Buenos Aires como el "París de Suramérica"?

_____

2. ¿Quién fue la primera dama de Argentina hasta 1952?

_____

3. ¿Qué dejaron las diferentes culturas de los inmigrantes en Argentina?

_____

4. ¿Cómo cambió el baile del tango desde su origen hasta los años 30?

_____

Lección 2

## contextos

# Lección 3

**1**  **Los aparatos domésticos**  Answer the questions with complete sentences.

> **modelo**
>
> Julieta quiere comer pan tostado. ¿Qué tiene que usar Julieta?
> **Julieta tiene que usar una tostadora.**

1. La ropa de Joaquín está sucia. ¿Qué necesita Joaquín?

_____

2. Clara lavó la ropa. ¿Qué necesita Clara ahora?

_____

3. Los platos de la cena están sucios. ¿Qué se necesita?

_____

4. Rita quiere hacer hielo (*ice*). ¿Dónde debe poner el agua?

_____

**2**  **¿En qué habitación?**  Label these items as belonging to **la cocina**, **la sala**, or **el dormitorio**.

1. el lavaplatos _____

2. el sillón _____

3. la cama _____

4. el horno _____

5. la almohada _____

6. la cafetera _____

7. la mesita de noche _____

8. la cómoda _____

**3**  **¿Qué hacían?**  Complete the sentences, describing the domestic activity in each drawing. Use the imperfect tense.

1. Ramón _____.

2. Rebeca _____.

3. Mi tío Juan _____.

4. Isabel _____.

**4**  **Una es diferente** Fill in the blank with the word that doesn't belong in each group.

1. sala, plato, copa, vaso, taza _____

2. cuchillo, altillo, plato, copa, tenedor _____

3. cocina, balcón, patio, jardín, garaje _____

4. cartel, estante, pintura, lavadora, cuadro _____

5. dormitorio, sala, comedor, cafetera, oficina _____

6. lavadora, escalera, secadora, lavaplatos, tostadora _____

**5**  **Crucigrama** Complete the crossword puzzle.

**Horizontales**
4. El hombre que vive al lado de tu casa.
5. Julieta habló con Romeo desde su _____.
6. sillón, mesa, cama o silla
8. Lo que prendes cuando necesitas luz.
10. Lo que se usa para tomar vino.
11. Usas estas cosas para tomar agua o soda.
14. Lo que usas cuando hace frío de noche.

**Verticales**
1. Lo que usas para ir de un piso a otro.
2. Obras (*works*) de Picasso, de Goya, etc.
3. pagar dinero cada mes por vivir en un lugar
7. _____ de microondas
9. Si vas a vivir en otro lugar, vas a _____.
12. Donde se pueden sentar tres o cuatro personas.
13. Lo que usas para tomar el café.

**Lección 3**

## estructura

# 3.1 Relative pronouns

**1**  **Relativamente**  Complete the sentences with **que**, **quien**, or **quienes**.

1. La persona a _____ debes conocer es Marta.

2. El restaurante _____ más me gusta es Il Forno.

3. Los amigos a _____ fue a visitar son Ana y Antonio.

4. Doña María, _____ me cuidaba cuando yo era niña, vino a verme.

5. El estudiante _____ mejor conozco de la clase es Gustavo.

6. La habitación _____ tiene las paredes azules es la tuya.

7. Los primos con _____ mejor me llevo son Pedro y Natalia.

8. El profesor _____ sabe la respuesta está en la biblioteca ahora.

**2**  **Conversación telefónica**  You're talking on the phone with your mother, who wants to catch up on everything in your life. Answer her questions using the words in parentheses.

> **modelo**
>
> ¿Qué es lo que encontraste en el altillo? (un álbum de fotos)
> *Lo que encontré en el altillo fue un álbum de fotos.*

1. ¿Qué es lo que preparas en la cocina? (el almuerzo)

   _____

2. ¿Qué es lo que buscas en el estante? (mi libro favorito)

   _____

3. ¿Qué es lo que te gusta hacer en verano? (ir al campo)

   _____

4. ¿Qué es lo que vas a poner en el balcón? (un sofá)

   _____

5. ¿Qué es lo que tienes en el armario? (mucha ropa)

   _____

6. ¿Qué es lo que le vas a regalar a tu hermana? (una cafetera)

   _____

**3**  **¿Que o lo que?**  Complete the sentences with **que** or **lo que**.

1. El pastel de cumpleaños _____ me trajo mi abuela estuvo delicioso.

2. _____ más les gusta a Pedro y a Andrés es jugar baloncesto.

3. Miguel perdió las llaves, _____ le hizo llegar tarde al dentista.

4. Ricardo y Ester querían los muebles _____ vieron en la tienda.

**Lección 3**

**4**   **Pronombres relativos**  Complete the sentences with **que**, **quien**, **quienes**, or **lo que**.

1. Los vecinos _____ viven frente a mi casa son muy simpáticos.

2. Rosa y Pepe viajan mucho, _____ los expone a muchas culturas.

3. Las amigas con _____ estudias a menudo son de varios países.

4. El apartamento _____ Rebeca y Jorge alquilaron está cerca del centro.

5. Adrián y Daniel, _____ estudian física, son expertos en computación.

6. Rubén debe pedirle la aspiradora a Marcos, a _____ le regalaron una.

**5**   **Mi prima Natalia**  Complete the paragraph with **que**, **quien**, **quienes**, or **lo que**.

Natalia, (1) _____ es mi prima, tiene un problema. Natalia es la prima

(2) _____ más quiero de todas las que tengo. (3) _____ le pasa a Natalia es

que siempre está muy ocupada. Su novio, a (4) _____ conoció hace dos años, quiere pasar

más tiempo con ella. La clase (5) _____ más le gusta a Natalia es la clase de francés.

Natalia, (6) _____ ya habla inglés y español, quiere aprender el francés muy bien. Tiene

dos amigos franceses con (7) _____ practica el idioma. Natalia también está en el equipo

de natación, (8) _____ le toma dos horas todas las mañanas. Las otras nadadoras

(9) _____ están en el equipo la necesitan siempre en las prácticas. Además, a Natalia le

gusta visitar a sus abuelos, a (10) _____ ve casi todos los fines de semana. También ve

con frecuencia a los parientes y amigos (11) _____ viven en su ciudad. ¡Este verano

(12) _____ Natalia necesita son unas vacaciones!

**6**   **Lo que me parece**  Rewrite each sentence using **lo que**.

> **modelo**
> A mí me gusta comer en restaurantes.
> *Lo que a mí me gusta es comer en restaurantes.*

1. Raúl dijo una mentira.

_____

2. Conseguiste enojar a Victoria.

_____

3. Lilia va a comprar una falda.

_____

4. Ellos preparan una sorpresa.

_____

5. A Teo y a mí nos gusta la nieve.

_____

  

Lección 3

# 3.2 Formal (**usted/ustedes**) commands

**1**  **Háganlo así**  Complete the commands, using the verbs in parentheses.

**Usted**

1. (lavar) _____ la ropa con el nuevo detergente.

2. (salir) _____ de su casa y disfrute del aire libre.

3. (decir) _____ todo lo que piensa hacer hoy.

4. (beber) No _____ demasiado café por la mañana.

5. (venir) _____ preparado para pasarlo bien.

6. (irse) No _____ sin probar la langosta de Maine.

**Ustedes**

7. (comer) No _____ con la boca abierta.

8. (oír) _____ música clásica en casa.

9. (poner) No _____ los codos (*elbows*) en la mesa.

10. (traer) _____ un regalo a la fiesta de cumpleaños.

11. (ver) _____ programas de televisión educativos.

12. (conducir) _____ con precaución (*caution*) por la ciudad.

**2**  **Por favor**  Give instructions to people cleaning a house by changing the verb phrases into formal commands.

> **modelo**
> sacudir el estante
> *Sacuda el estante, por favor.*

1. primero, pasar la aspiradora

_____

2. arreglar la sala

_____

3. barrer el sótano

_____

4. lavar la cafetera

_____

5. no ensuciar el piso de la cocina

_____

**3** **Para emergencias** Rewrite this hotel's emergency instructions, replacing each **debe** + (*infinitive*) with formal commands.

Querido huésped:

Debe leer estas instrucciones para casos de emergencia. Si ocurre (*occurs*) una emergencia, debe tocar la puerta antes de abrirla. Si la puerta no está caliente, debe salir de la habitación con cuidado (*carefully*). Al salir, debe doblar a la derecha por el pasillo y debe bajar por la escalera de emergencia. Debe mantener la calma y debe caminar lentamente. No debe usar el ascensor durante una emergencia. Debe dejar su equipaje en la habitación en caso de emergencia. Al llegar a la planta baja, debe salir al patio o a la calle. Luego debe pedir ayuda a un empleado del hotel.

**Querido huésped:**

_____

_____

_____

_____

_____

_____

_____

_____

_____

**4** **Lo opuesto** Change each command to express the opposite sentiment.

*modelo*

Recéteselo a mi hija.
**No se lo recete a mi hija.**

1. Siéntense en la cama. _____

2. No lo limpie ahora. _____

3. Lávenmelas mañana. _____

4. No nos los sirvan. _____

5. Sacúdalas antes de ponerlas. _____

6. No se las busquen. _____

7. Despiértenlo a las ocho. _____

8. Cámbiesela por otra. _____

9. Pídanselos a Martín. _____

10. No se lo digan hoy. _____

Lección 3

# 3.3 The present subjunctive

**1** **Oraciones** Complete the sentences with the present subjunctive of the verb in parentheses.

1. Es bueno que ustedes _____ (comer) frutas, verduras y yogures.

2. Es importante que Laura y yo _____ (estudiar) para el examen de física.

3. Es urgente que el doctor te _____ (mirar) la rodilla y la pierna.

4. Es malo que los niños no _____ (leer) mucho de pequeños (*when they are little*).

5. Es mejor que (tú) les _____ (escribir) un mensaje antes de llamarlos.

6. Es necesario que (yo) _____ (pasar) por la casa de Mario por la mañana.

**2** **El verbo correcto** Complete the sentences with the present subjunctive of the verbs from the word bank.

| almorzar | hacer | oír | poner | traducir | venir |
|----------|-------|-----|-------|----------|-------|
| conducir | ofrecer | parecer | sacar | traer | ver |

1. Es necesario que (yo) _____ a casa temprano para ayudar a mi mamá.

2. Es bueno que (nuestro colegio) _____ muchos cursos avanzados.

3. Es malo que (ellos) _____ justo antes de ir a nadar a la piscina.

4. Es urgente que (Lara) _____ estos documentos legales.

5. Es mejor que (tú) _____ más lento para evitar (*avoid*) accidentes.

6. Es importante que (ella) no _____ la cafetera en la mesa.

7. Es bueno que (tú) _____ las fotos para verlas en la fiesta.

8. Es necesario que (él) _____ la casa antes de comprarla.

9. Es malo que (nosotros) no _____ la basura todas las noches.

10. Es importante que (ustedes) _____ los quehaceres domésticos.

**3** **Opiniones** Rewrite these sentences using the present subjunctive of the verbs in parentheses.

1. Mi padre dice que es importante que yo (estar) contenta con mi trabajo.

_____

2. Rosario cree que es bueno que la gente (irse) de vacaciones más a menudo.

_____

3. Creo que es mejor que Elsa (ser) la encargada del proyecto.

_____

4. Es importante que les (dar) las gracias por el favor que te hicieron.

_____

5. Él piensa que es malo que muchos estudiantes no (saber) otras lenguas.

_____

6. El director dice que es necesario que (haber) una reunión de la facultad.

_____

**Lección 3**

**4  Es necesario** Write sentences using the elements provided and the present subjunctive of the verbs.

> **modelo**
> malo / Roberto / no poder / irse de vacaciones
> Es malo que Roberto no pueda irse de vacaciones.

1. importante / Nora / pensar / las cosas antes de tomar una decisión

_____

2. necesario / (tú) / entender / la situación de esas personas

_____

3. bueno / Clara / sentirse / cómoda en el apartamento nuevo

_____

4. urgente / mi madre / mostrarme / los papeles que llegaron

_____

5. mejor / David / dormir / un poco antes de salir

_____

6. malo / los niños / pedirles / tantos regalos a sus abuelos

_____

**5  Sí, es bueno** Answer the questions using the words in parentheses and the present subjunctive.

> **modelo**
> ¿Tiene Álex que terminar ese trabajo hoy? (urgente)
> Sí, es urgente que Álex termine ese trabajo hoy.

1. ¿Debemos traer el pasaporte al aeropuerto? (necesario)

_____

2. ¿Tienes que hablar con don Mario? (urgente)

_____

3. ¿Debe David ir a visitar a su abuela todas las semanas? (bueno)

_____

4. ¿Puede Mariana llamar a Isabel para darle las gracias? (importante)

_____

5. ¿Va Andrés a saber lo que le van a preguntar en el examen? (mejor)

_____

Lección 3

# 3.4 Subjunctive with verbs of will and influence

**1** **Preferencias** Complete the sentences with the present subjunctive of the verbs in parentheses.

1. Rosa quiere que tú _____ (escoger) el sofá para la sala.

2. La mamá de Susana prefiere que ella _____ (estudiar) medicina.

3. Miranda insiste en que Luisa _____ (ser) la candidata a vicepresidenta.

4. Rita y yo deseamos que nuestros padres _____ (viajar) a Panamá.

5. A Eduardo no le importa que nosotros _____ (salir) esta noche.

6. La agente de viajes nos recomienda que _____ (quedarnos) en ese hotel.

**2** **Compra una casa** Read the following suggestions for buying a house. Then write a note to a friend, repeating the advice and using the present subjunctive of the verbs.

Antes de comprar una casa:
- Se aconseja tener un agente inmobiliario (*real estate*).
- Se sugiere buscar una casa en un barrio seguro (*safe*).
- Se insiste en mirar los baños, la cocina y el sótano.
- Se recomienda comparar precios de varias casas antes de decidir.
- Se aconseja hablar con los vecinos del barrio.

*Te aconsejo que tengas un agente inmobiliario.* _____

_____

_____

_____

_____

_____

_____

**3** **Instrucciones** Write sentences using the elements provided and the present subjunctive. Replace the indirect objects with indirect object pronouns.

> **modelo**
> (a ti) / Simón / sugerir / terminar la tarea luego
> *Simón te sugiere que termines la tarea luego.*

1. (a Daniela) / José / rogar / escribir esa carta de recomendación

_____

2. (a ustedes) / (yo) / aconsejar / vivir en las afueras de la ciudad

_____

3. (a ellos) / la directora / prohibir / estacionar frente a la escuela

_____

4. (a mí) / (tú) / sugerir / alquilar un apartamento en el barrio

_____

Lección 3

**4** **¿Subjuntivo o infinitivo?** Write sentences using the elements provided. Use the subjunctive of the verbs when required.

1. Marina / querer / yo / traer / la pintura a casa

_____

2. Sonia y yo / preferir / buscar / la información en Internet

_____

3. el profesor / desear / nosotros / usar / el diccionario

_____

4. ustedes / necesitar / escribir / una carta al consulado

_____

5. (yo) / preferir / Manuel / ir / al apartamento por mí

_____

6. Ramón / insistir en / buscar / las alfombras de la casa

_____

## Síntesis

Imagine that you are going away for the weekend and you are letting some of your friends stay in your house. Write instructions for your houseguests asking them how to take care of the house. Use formal commands, the phrases **es bueno**, **es mejor**, **es importante**, **es necesario**, and **es malo**, and the verbs **aconsejar**, **pedir**, **necesitar**, **prohibir**, **recomendar**, **rogar**, and **sugerir** to describe how to make sure that your house is in perfect shape when you get home.

_____
_____
_____
_____
_____
_____
_____
_____
_____
_____

Lección 3

## panorama

# Panamá

**1   Datos panameños**   Complete the sentences with the correct information.

1. _____ es un músico y político célebre de Panamá.

2. Una de las principales fuentes de ingresos de Panamá es _____.

3. Las _____ son una forma de arte textil de la tribu indígena kuna.

4. Algunos diseños de las molas se inspiran en las formas del _____.

**2   Relativamente**   Rewrite each pair of sentences as one sentence. Use relative pronouns to combine the sentences.

> **modelo**
> La Ciudad de Panamá es la capital de Panamá. Tiene más de un millón de habitantes.
> La Ciudad de Panamá, que tiene más de un millón de habitantes, es la capital de Panamá.

1. La moneda de Panamá es equivalente al dólar estadounidense. Se llama el balboa.

_____

2. El Canal de Panamá se empezó a construir en 1903. Éste une los océanos Atlántico y Pacífico.

_____

3. La tribu indígena de los kuna vive principalmente en las islas San Blas. Ellos hacen molas.

_____

4. Panamá es un sitio excelente para el buceo. Panamá significa "lugar de muchos peces".

_____

**3   Geografía panameña**   Fill in the blanks with the correct geographical name.

1. la capital de Panamá _____

2. ciudades principales de Panamá _____

3. países que limitan (*border*) con Panamá _____

4. mar al norte (*north*) de Panamá _____

5. océano al sur (*south*) de Panamá _____

6. por donde pasan más de 14.000 buques por año _____

7. en donde vive la tribu indígena de los kuna _____

8. parque donde se protege la fauna marina _____

Lección 3

**4**  **Viaje a Panamá**  Complete the phrases with the correct information. Then write a paragraph of a tourist brochure about Panama. Use formal commands in the paragraph. The first sentence is done for you.

1. viajar en avión a la _____, capital de Panamá

2. visitar el país centroamericano, donde circulan los billetes de _____

3. conocer a los panameños; la lengua natal del 14% de ellos es _____

4. ir al Canal de Panamá, que une los océanos _____ y _____

5. ver las _____ que hace la tribu indígena kuna y decorar la casa con ellas

6. bucear en las playas de gran valor _____ por la riqueza y diversidad de su vida marina

   **Viaje en avión a la Ciudad de Panamá, capital de Panamá.** _____

_____

_____

_____

_____

_____

_____

_____

_____

**5**  **¿Cierto o falso?**  Indicate whether the statements are **cierto** or **falso**. Correct the false statements.

1. Panamá tiene aproximadamente el tamaño de California.

_____

2. La moneda panameña, que se llama el balboa, es equivalente al dólar estadounidense.

_____

3. La lengua natal de todos los panameños es el inglés.

_____

4. El Canal de Panamá une los océanos Pacífico y Atlántico.

_____

5. Las molas tradicionales siempre se usaron para decorar las casas.

_____

## repaso

**1** **¿Cuánto tiempo hace?** Complete the answers with **por** or **para**. Then write questions that correspond to the answers.

1. _____

   Hace cuatro años que trabajo _____ mi padre en la tienda.

2. _____

   Pasamos _____ la casa de Javier y Olga hace dos horas.

3. _____

   Hace tres meses que compré una blusa _____ mi hermana.

4. _____

   Hace dos años que Ana estudia italiano _____ Internet.

**2** **¿Pretérito o imperfecto?** Complete the sentences with the preterite or imperfect of the verbs in parentheses as appropriate.

1. De niña, Lina siempre _____ (usar) la ropa de sus primas.

2. El año pasado, Ricardo _____ (viajar) a Costa Rica durante las Navidades.

3. Cuando Gloria lo _____ (llamar) a su casa, él _____ (dormir) tranquilamente.

4. Mientras los niños _____ (jugar) en el parque, los padres _____ (hablar).

5. Yo _____ (ver) la televisión en casa cuando Carolina _____ (venir) a verme.

6. Mientras Lola _____ (saludar) a sus amigos, Rita _____ (estacionar) el coche.

**3** **Hágalo ahora** Write sentences using the words provided. Use formal or informal commands according to the subjects indicated.

1. (tú) / ayudarlos a traer las compras _____

2. (Uds.) / practicar el francés _____

3. (tú) / buscarme un reproductor de MP3 bueno _____

4. (Ud.) / decirle lo que desea _____

5. (Uds.) / no ser malas personas _____

6. (Ud.) / salir antes de las cinco _____

7. (tú) / comer frutas y verduras _____

8. (Ud.) / parar en la esquina _____

Lecciones 1–3

**4** **El subjuntivo** Rewrite the sentences using the words in parentheses. Use the subjunctive of the verbs.

> **modelo**
>
> Ellos tienen muchos problemas. (ser malo)
> *Es malo que ellos tengan muchos problemas.*

1. El apartamento tiene dos baños. (Rita / preferir)

_____

2. Las mujeres ven al doctor todos los años. (ser importante)

_____

3. Los pacientes hacen ejercicio. (la enfermera / sugerir)

_____
_____

**5** **Los países** Complete the sentences with the verbs in the word bank and the pronoun **se**.

| conocer | escuchar | hablar | ofrecer |
| empezar | establecer | hacer | ver |

1. En los parques nacionales costarricenses _____ muchas plantas y animales.

2. El café costarricense _____ a exportar en el siglo XIX.

3. En Costa Rica _____ educación gratuita a todos los ciudadanos.

4. La ciudad de Buenos Aires _____ como el "París de Suramérica".

5. Después del año 1880, una gran cantidad de inmigrantes _____ en Argentina.

6. Hoy día el tango argentino _____ en todo el mundo.

7. En Panamá _____ español, lenguas indígenas e inglés.

8. Las molas panameñas _____ con fragmentos de tela de colores vivos.

**6** **La vida de ayer y hoy** Describe what people's lives were like in the early 1800s and what they are like now. Mention the things that people used to do and the things they do now (you may want to use adverbs like **siempre**, **nunca**, and **a veces**). Then mention the things that people should do to ensure a better quality of life in the future (you may want to use phrases like **es importante que**... and **es necesario que**...).

_____
_____
_____
_____
_____
_____
_____

## contextos

# Lección 4

**1** **La naturaleza** Complete the sentences with the appropriate nature-related words.

1. La luna, las estrellas, el sol y las nubes están en el _____.

2. El _____ es un lugar donde no llueve y hace mucho calor.

3. Una montaña que tiene un cráter es un _____.

4. La región llana (*flat*) que hay entre dos montañas es un _____.

5. La _____ es un bosque tropical, lo que significa que está cerca del ecuador.

6. Para ir a pasear por las montañas, es importante seguir un _____.

**2** **Problema y solución** Match each problem with its solution. Then write a sentence with each pair, providing a solution to the problem.

| Problemas | Soluciones |
|---|---|
| 1. la deforestación de los bosques | controlar las emisiones de los coches |
| 2. la erosión de las montañas | plantar muchos árboles |
| 3. la falta (*lack*) de recursos naturales | prohibir que se corten (*cut down*) los |
| 4. la contaminación del aire en las ciudades | árboles en algunas regiones |
| 5. la contaminación nuclear | reciclar los envases y latas |
| | desarrollar fuentes (*sources*) de |
| | energía renovable |

**modelo**

la extinción de plantas y animales / proteger las especies en peligro
*Para resolver el problema de la extinción de plantas y animales,*
*tenemos que proteger las especies en peligro.*

1. _____

2. _____

3. _____

4. _____

5. _____

**3** **Sinónimos y antónimos** Fill in the blanks with the correct verbs from the word bank.

| conservar | contaminar | dejar de | evitar | mejorar | reducir |
|---|---|---|---|---|---|

1. gastar ≠ _____      4. usar más ≠ _____

2. permitir ≠ _____      5. continuar ≠ _____

3. hacerse mejor = _____      6. limpiar ≠ _____

Lección 4

**4** **Nuestra madre** Fill in the blanks with the correct terms. Then, read the word formed vertically to complete the final sentence.

1. El lugar donde vivimos es nuestro medio _____.
2. Un bosque tiene muchos tipos de árboles y _____.
3. Un volcán tiene un _____ en la parte de arriba.
4. Cuando el cielo está nublado, hay muchas _____.
5. Las _____ son rocas (*rocks*) más pequeñas.
6. Otra palabra para *ave* es _____.
7. La _____ es el estudio de los animales y plantas en su medio ambiente.
8. En el _____ están el sol, la luna y las estrellas.
9. El salmón es un tipo de _____.
10. El satélite natural que se ve desde la Tierra es la _____.

Todas estas cosas forman parte de la _____.

**5** **Carta de un lector** Complete this letter to the editor with items from the word bank.

| | | | | |
|---|---|---|---|---|
| árboles | deforestación | evitar | población | reducir |
| conservar | dejar de | ley | reciclar | resolver |
| contaminación | envase | mejorar | recurso natural | respiramos |

Creo que la (1) _____ del aire es un problema que se tiene que

(2) _____ muy pronto. Cada día hay más carros que contaminan el aire que

nosotros (3) _____. Además, la (4) _____ en las regiones cerca de la

ciudad elimina una gran parte del oxígeno que los (5) _____ le proveían (*provided*)

a la (6) _____ de la ciudad. Es importante (7) _____ las condiciones de

las calles para que las personas puedan montar en bicicleta para ir al trabajo. Así, todos pueden

(8) _____ el petróleo, que es un (9) _____ que no va a durar (*last*).

El uso de bicicletas en la ciudad es una de las mejores ideas para (10) _____ el uso

de los carros. Debemos (11) _____ pensar que el carro es un objeto necesario y

buscar otras maneras de transportarnos. Quizás algún día podamos (12) _____ los

problemas que nos causa la contaminación.

Lección 4

# 4.1 The subjunctive with verbs of emotion

**1** **Emociones** Complete the sentences with the subjunctive of the verbs in parentheses.

1. A mis padres les molesta que los vecinos _____ (quitar) los árboles.

2. Julio se alegra de que _____ (haber) muchos pájaros en el jardín de su casa.

3. Siento que Teresa y Lola _____ (estar) enfermas.

4. Liliana tiene miedo de que sus padres _____ (decidir) mudarse a otra ciudad.

5. A ti te sorprende que la deforestación _____ (ser) un problema tan grande.

6. Rubén espera que el gobierno _____ (mejorar) las leyes que protegen la naturaleza.

**2** **Comentarios de Manuel** Your friend Manuel is talking about his opinions on the environment. Combine his statements, using the subjunctive.

> modelo
> En algunos países la gente usa mucha gasolina. Es terrible.
> Es terrible que en algunos países la gente use mucha gasolina.

1. Muchos ríos están contaminados. Es triste.

_____

2. Algunas personas evitan reciclar. Es ridículo.

_____

3. Los turistas no recogen la basura (*garbage*). Es una lástima.

_____

4. La gente destruye el medio ambiente. Es extraño.

_____

**3** **Ojalá...** Manuel is still hopeful about the environment. Express his opinions using the elements provided. Start the sentences with **Ojalá que**.

1. los países / conservar sus recursos naturales

_____

2. las futuras generaciones / no estar afectadas por nuestros errores

_____

3. la población / querer cambiar las leyes de deforestación

_____

4. las personas / reducir el uso de los carros en las ciudades

_____

5. todos nosotros / saber resolver el problema del calentamiento global

_____

**Lección 4**

**4**  **Lo que sea** Change the subject of the second verb in each sentence to the subject in parentheses. Then complete the new sentence with the new subject, using the subjunctive.

> **modelo**
> Pablo se alegra de ver a Ricardo. (su madre)
> *Pablo se alegra de que su madre vea a Ricardo.*

1. Me gusta salir los fines de semana. (mi hermana)

   Me gusta que _____.

2. José y tú esperan salir bien en el examen. (yo)

   José y tú esperan que _____.

3. Es ridículo contaminar el mundo en que vivimos. (la gente)

   Es ridículo que _____.

4. Carla y Patricia temen separarse del sendero. (sus amigos)

   Carla y Patricia temen que _____.

5. Te molesta esperar mucho al ir de compras. (tu novio)

   Te molesta que _____.

6. Es terrible usar más agua de la necesaria. (las personas)

   Es terrible que _____.

7. Es triste no saber leer. (Roberto)

   Es triste que _____.

8. Es una lástima encontrar animales abandonados. (los vecinos)

   Es una lástima que _____.

**5**  **Emociones** Describe the characters' feelings about the environment using the elements provided and the present subjunctive.

1. Miguel / alegrarse / sus amigos / reciclar los periódicos y los envases

   _____

2. los turistas / sorprenderse / el país / proteger tanto los parques naturales

   _____

3. Maru / temer / algunas personas / cazar animales en peligro de extinción

   _____

4. don Diego / sentir / las playas de la ciudad / estar contaminadas

   _____

5. Felipe y sus amigos / esperar / el gobierno / desarrollar nuevos sistemas de energía

   _____

6. a Jimena / gustar / mi primo / recoger y cuidar animales abandonados

   _____

Lección 4

# 4.2 The subjunctive with doubt, disbelief, and denial

**1 No es probable** Complete the sentences with the subjunctive of the verbs in parentheses.

1. No es verdad que Luis _____ (ser) un mal científico.

2. Es probable que Carla y yo _____ (hacer) ecoturismo en el bosque nacional.

3. Lina no está segura de que el guía _____ (saber) dónde estamos.

4. No es seguro que Martín _____ (llegar) antes del viernes.

5. Es posible que Daniel y Nico _____ (venir) a visitarnos hoy.

6. No es probable que la agencia les _____ (pagar) mal a sus empleados.

**2 Es posible que pase** A group of hikers is asking their guide about the environment, but he isn't always sure what to tell them. Answer their questions, using the words in parentheses.

modelo
¿Hay mucha contaminación en las ciudades? (probable)
Es probable que haya mucha contaminación en las ciudades.

1. ¿Hay muchas vacas en los campos de la región? (probable)

_____

2. ¿El agua de esos ríos está contaminada? (posible)

_____

3. ¿Ese sendero nos lleva al lago? (quizás)

_____

4. ¿Protege el gobierno todos los peces del océano? (imposible)

_____

5. ¿La población reduce el uso de envases de plástico? (improbable)

_____

6. ¿El desierto es un lugar mejor para visitar en invierno? (tal vez)

_____

**3 ¿Estás seguro?** Complete the sentences with the indicative or subjunctive form of the verbs in parentheses.

1. No dudo que Manuel _____ (ser) la mejor persona para hacer el trabajo.

2. El conductor no niega que _____ (tener) poca experiencia por estas carreteras.

3. Ricardo duda que Mirella _____ (decir) siempre toda la verdad.

4. Sé que es verdad que nosotros _____ (deber) cuidar el medio ambiente.

5. Lina no está segura de que sus amigos _____ (poder) venir a la fiesta.

6. Claudia y Julio niegan que tú _____ (querer) mudarte a otro barrio.

7. No es probable que ella _____ (buscar) un trabajo de secretaria.

Lección 4

**4** **¿Es o no es?** Choose the correct phrase in parentheses to rewrite each sentence, based on the verb.

1. (Estoy seguro, No estoy seguro) de que a Mónica le gusten los perros.

   _____

2. (Es verdad, No es verdad) que Ramón duerme muchas horas todos los días.

   _____

3. Rita y Rosa (niegan, no niegan) que gaste mucho cuando voy de compras.

   _____

4. (No cabe duda de, Dudas) que el aire que respiramos está contaminado.

   _____

5. (No es cierto, Es obvio) que a Martín y a Viviana les encanta viajar.

   _____

6. (Es probable, No hay duda de) que tengamos que reciclar todos los envases.

   _____


**5** **Desacuerdos** Sometimes people contradict you. Write their responses to your statements, using the words in parentheses. Use the indicative or subjunctive form as appropriate.

1. Las matemáticas son muy difíciles. (no es cierto)

   _____

2. El problema del cambio climático es bastante complicado. (el presidente no niega)

   _____

3. Él va a terminar el trabajo a tiempo. (Ana duda)

   _____

4. Esa película es excelente. (mis amigos están seguros de)

   _____

5. El español se usa más y más cada día. (no cabe duda de)

   _____

6. Lourdes y yo podemos ayudarte esta tarde. (no es seguro)

   _____

7. Marcos escribe muy bien en francés. (el maestro no cree)

   _____

8. Pedro y Virginia nunca comen carne. (no es verdad)

   _____

Lección 4

# 4.3 The subjunctive with conjunctions

**1** **Las conjunciones** Complete the sentences with the subjunctive form of the verbs in parentheses.

1. Lucas debe terminar el trabajo antes de que su jefe (*boss*) _____ (llegar).

2. ¿Qué tenemos que hacer en caso de que _____ (haber) una emergencia?

3. Ellos van a pintar su casa con tal de que (tú) los _____ (ayudar).

4. No puedo ir al museo a menos que Juan _____ (venir) por mí.

5. Alejandro siempre va a casa de Carmen sin que ella lo _____ (invitar).

6. Tu madre te va a prestar dinero para que te _____ (comprar) un coche usado.

7. No quiero que ustedes se vayan sin que tu esposo _____ (ver) mi computadora nueva.

8. Pilar no puede irse de vacaciones a menos que (ellos) le _____ (dar) más dinero.

9. Andrés va a llegar antes de que Rocío y yo _____ (leer) el correo electrónico.

10. Miguel lo va a hacer con tal de que tú se lo _____ (sugerir).

**2** **¿Hasta cuándo?** Your gossipy coworker is always in everyone else's business. Answer his questions in complete sentences, using the words in parentheses.

1. ¿Hasta cuándo vas a ponerte ese abrigo? (hasta que / el jefe / decirme algo)

_____

2. ¿Cuándo va Rubén a buscar a Marta? (tan pronto como / salir de clase)

_____

3. ¿Cuándo se van de viaje Juan y Susana? (en cuanto / tener vacaciones)

_____

4. ¿Cuándo van ellos a invitarnos a su casa? (después de que / nosotros / invitarlos)

_____

5. ¿Hasta cuándo va a trabajar aquí Ramón? (hasta que / su esposa / graduarse)

_____

6. ¿Cuándo puede mi hermana pasar por tu casa? (cuando / querer)

_____

7. ¿Hasta cuándo vas a tomar las pastillas? (hasta que / yo / sentirme mejor)

_____

8. ¿Cuándo va Julia a reciclar estos envases? (tan pronto como / regresar)

_____

Lección 4

**Lección 4 Estructura** Activities **47**

**3** **Siempre llegas tarde** Complete this conversation, using the subjunctive and the indicative as appropriate.

**MARIO** Hola, Lilia. Ven a buscarme en cuanto (yo) (1) _____ (salir) de clase.

**LILIA** Voy a buscarte tan pronto como la clase (2) _____ (terminar), pero no quiero esperar como ayer.

**MARIO** Ayer cuando iba a salir, (yo) me (3) _____ (encontrar) con mi profesora de química y hablé con ella del examen.

**LILIA** No quiero esperarte otra vez hasta que (4) _____ (ser) demasiado tarde para almorzar.

**MARIO** Hoy voy a estar esperándote en cuanto (tú) (5) _____ (llegar) a buscarme.

**LILIA** Después de que (yo) te (6) _____ (recoger), podemos ir a comer a la cafetería.

**MARIO** En cuanto (tú) (7) _____ (entrar) en el estacionamiento, me vas a ver allí, esperándote.

**LILIA** No lo voy a creer hasta que (yo) lo (8) _____ (ver).

**MARIO** Recuerda que cuando (yo) te (9) _____ (ir) a buscar al laboratorio la semana pasada, te tuve que esperar media hora.

**LILIA** Tienes razón. ¡Pero llega allí tan pronto como (tú) (10) _____ (poder)!

# Síntesis

Write an opinion article about oil spills (**los derrames de petróleo**) and their impact on the environment. Use verbs and expressions of emotion, doubt, disbelief, denial, and certainty that you learned in this lesson to describe your own and other people's opinions about the effects of oil spills on the environment.

_____

_____

_____

_____

_____

_____

_____

_____

Lección 4

## panorama

# Colombia

**1**  **¿Cierto o falso?**  Indicate whether each statement is **cierto** or **falso**. Then correct the false statements.

1. Más de la mitad de la superficie de Colombia está sin poblar.

   _____

2. La moneda de Colombia es el dólar estadounidense.

   _____

3. El Museo del Oro preserva orfebrería de la época de los españoles.

   _____

4. El evento más importante del Carnaval de Barranquilla es la Batalla de las Flores.

   _____

5. El Castillo de San Felipe de Barajas es la fortaleza más grande de las Américas.

   _____

6. Medellín se conoce por el Festival Internacional de Música y el Festival Internacional de Cine.

   _____

**2**  **Consejos**  Give advice to a friend who is going to visit Colombia by completing these sentences with the subjunctive of the verb in parentheses and information from **Panorama**.

1. Es importante que _____ (cambiar) los dólares a _____.

2. Ojalá que _____ (conducir) desde _____, la capital,

   hasta Cartagena.

3. En Cartagena, espero que _____ (nadar) en las playas del mar

   _____.

4. En Cartagena, también es posible que _____ (ver) edificios antiguos como

   _____ y _____.

5. Cuando _____ (volver) a Bogotá, vas a ver una parte de la cordillera de

   _____.

6. Te recomiendo que _____ (visitar) el Museo del Oro en Bogotá para ver las

   piezas de _____.

7. Me alegro de que _____ (conocer) las esculturas de Fernando

   _____.

8. Espero que _____ (leer) algún libro de Gabriel _____.

**Lección 4 Panorama** Activities    **49**

**3**  **Ciudades colombianas**  Label each picture.

1. _____     2. _____

3. _____     4. _____

**4**  **Preguntas sobre Colombia**  Answer the questions about Colombia with complete sentences.

1. ¿Cómo se compara el área de Colombia con el área de Montana?

_____

2. ¿Qué país conecta a Colombia con Centroamérica?

_____

3. Menciona a dos artistas colombianos que conozcas.

_____

4. ¿Qué creencia tenían las tribus indígenas sobre el oro?

_____

5. ¿Cuál es el libro más conocido de Gabriel García Márquez?

_____

6. ¿De qué época son las iglesias, monasterios, palacios y mansiones que se conservan en Cartagena?

_____

Lección 4

## contextos

**1** **El dinero** Complete the sentences with the correct banking-related words.

1. Necesito sacar dinero en efectivo. Voy al _____.

2. Quiero ahorrar para comprar una casa. Pongo el dinero en una _____.

3. Voy a pagar, pero no tengo efectivo ni tarjeta de crédito. Puedo usar un _____.

4. Cuando uso un cheque, el dinero sale de mi _____.

5. Para cobrar un cheque a mi nombre, lo tengo que _____ por detrás.

6. Para ahorrar, pienso _____ $200 en mi cuenta de ahorros todos los meses.

**2** **¿Qué clase (kind) de tienda es ésta?** You are running errands, and you can't find the things you're looking for. Fill in the blanks with the names of the places you go.

1. ¿No tienen manzanas? ¿Qué clase de _____ es ésta?

2. ¿No tienen una chuleta de cerdo? ¿Qué clase de _____ es ésta?

3. ¿No tienen detergente? ¿Qué clase de _____ es ésta?

4. ¿No tienen dinero? ¿Qué clase de _____ es éste?

5. ¿No tienen diamantes (diamonds)? ¿Qué clase de _____ es ésta?

6. ¿No tienen estampillas? ¿Qué clase de _____ es éste?

7. ¿No tienen botas? ¿Qué clase de _____ es ésta?

8. ¿No tienen aceite vegetal? ¿Qué clase de _____ es éste?

**3** **¿Cómo pagas?** Fill in the blank with the most likely form of payment for each item.

| a plazos | con un préstamo |
| al contado | gratis |

1. un refrigerador _____

2. una camisa _____

3. un coche nuevo _____

4. las servilletas en un restaurante _____

5. una computadora _____

6. un vaso de agua _____

7. una hamburguesa _____

8. una cámara digital _____

9. la universidad _____

10. unos sellos _____

**4** **Tu empresa** Fill in the blanks with the type of store each slogan would promote.

1. "Compre aquí para toda la semana y ahorre en alimentos para toda la familia".

_____

2. "Deliciosos filetes de salmón en oferta especial". _____

3. "Recién (*Just*) salido del horno".

_____

4. "Naranjas y manzanas a dos dólares el kilo".

_____

5. "Tráiganos su ropa más fina. ¡Va a quedar como nueva!". _____

6. "51 sabrosas variedades para el calor del verano". _____

7. "¡Reserva el pastel de cumpleaños de tu hijo hoy!". _____

8. "Un diamante es para siempre".

_____

9. "Salchichas, jamón y chuletas de cerdo".

_____

10. "Arréglese las uñas y péinese hoy por un precio económico". _____

**5** **¿Cómo llego?** Identify the final destination for each set of directions.

1. De la Plaza Sucre, camine derecho en dirección oeste por la calle Comercio. Doble a la derecha en la calle La Paz hasta la calle Escalona. Doble a la izquierda y al final de la calle va a verlo.

_____

2. Del banco, camine en dirección este por la calle Escalona. Cuando llegue a la calle Sucre, doble a la derecha. Siga dos cuadras hasta la calle Comercio. Doble a la izquierda. El lugar queda al cruzar la calle Bella Vista.

_____

3. Del estacionamiento de la calle Bella Vista, camine derecho por la calle Sta. Rosalía hasta la calle Bolívar. Cruce la calle Bolívar y a la derecha, en esa cuadra, la va a encontrar.

_____

4. De la joyería, camine por la calle Comercio hasta la calle Bolívar. Doble a la derecha y cruce la calle Sta. Rosalía y la calle Escalona. Siga hasta la calle 2 de Mayo. Cruce la calle Bolívar. Al norte, en esa esquina, la va a ver.

_____

El Hatillo

Plaza Bolívar    Farmacia    Joyería
Plaza Sucre    Iglesia    Zapatería
Banco    Terminal    Café Primavera
Casa de la Cultura    Escuela    Estacionamient

Lección 5

# estructura

## 5.1 The subjunctive in adjective clauses

**1** **El futuro de las computadoras** Complete the paragraph with the subjunctive of the verbs in parentheses.

¿Alguna vez ha pensado en una computadora del tamaño de un celular que (1) _____ (tener) una imagen virtual que usted (2) _____ (poder) manipular? En nuestra compañía queremos desarrollar un programa que (3) _____ (mostrar) el contenido de una computadora en forma de holograma 3D sobre cualquier superficie (*surface*). Y que (4) _____ (funcionar) ¡sin necesidad de gafas especiales! Para desarrollar esta tecnología, se necesita una combinación de electrónica, óptica y un programa que (5) _____ (servir) para convertir una imagen de 2D en 3D. Es posible, por ejemplo, que se (6) _____ (usar) estas computadoras de manera cotidiana y que en el futuro (7) _____ (ser) normales los mensajes con las imágenes y la voz de la persona que los grabó, ¡justo como en la *Guerra de las Galaxias (Star Wars)*! Probablemente esta tecnología sea tan común que todos (nosotros) la (8) _____ (encontrar) en cualquier lugar de la ciudad.

**2** **Completar** Complete the sentences with the indicative or the subjunctive of the verbs in parentheses.

(ser)

1. Inés quiere comprar una falda que _____ larga y elegante.

2. A María le gusta la falda que _____ verde y negra.

(estar)

3. Nunca estuvieron en el hotel que _____ al lado del aeropuerto.

4. No conocemos ningún hotel que _____ cerca de su casa.

(quedar)

5. Hay un banco en el edificio que _____ en la esquina.

6. Deben poner un banco en un edificio que _____ más cerca.

(tener)

7. Silvia quiere un apartamento que _____ balcón y piscina.

8. Ayer ellos vieron un apartamento que _____ tres baños.

(ir)

9. Hay muchas personas que _____ a Venezuela de vacaciones.

10. Raúl no conoce a nadie que _____ a Venezuela este verano.

Lección 5

**3** **Fotonovela** Rewrite the sentences to make them negative, using the subjuntive where appropriate.

> modelo
>
> Maru conoce a un chico que estudia medicina.
> **Maru no conoce a ningún chico que estudie medicina.**

1. Los padres de Miguel cuidan a un perro que protege su casa.

   _____

2. Juan Carlos tiene un pariente que escribe poemas.

   _____

3. Los Díaz usan coches que son baratos.

   _____

4. Don Diego trabaja con unas personas que conocen a su padre.

   _____

5. Jimena hace un plato mexicano que es delicioso.

   _____

**4** **Paseando en Caracas** Answer these questions positively or negatively, as indicated. Use the subjunctive where appropriate.

1. ¿Hay algún buzón que esté en la Plaza Bolívar?

   Sí, _____.

2. ¿Conoces a alguien que sea abogado de inmigración?

   No, _____.

3. ¿Ves a alguien aquí que estudie español contigo?

   Sí, _____.

4. ¿Hay alguna panadería que venda pan caliente (*hot*) cerca de aquí?

   No, _____.

5. ¿Tienes alguna compañera que vaya a ese gimnasio?

   Sí, _____.

6. ¿Conoces a alguien que sea cartero?

   No, _____.

**5** **Une las frases** Complete the sentences with the most logical endings from the word bank. Use the indicative or subjunctive forms of the infinitive verbs as appropriate.

| | | |
|---|---|---|
| abrir hasta las doce de la noche | gustarle mucho | siempre decirnos la verdad |
| no manejar en carretera | ser cómoda y barata | tener muchos museos |

1. Rolando tiene un auto que _____.
2. Todos buscamos amigos que _____.
3. Irene y José viven en una ciudad que _____.
4. ¿Hay una farmacia que _____?

# 5.2 Nosotros/as commands

**1**  **Hagamos eso** Rewrite these sentences, using the **nosotros/as** command forms of the verbs in italics.

> **modelo**
> Tenemos que *terminar* el trabajo antes de las cinco.
> Terminemos el trabajo antes de las cinco.

1. Hay que *limpiar* la casa hoy.

   _____

2. Tenemos que *ir* al dentista esta semana.

   _____

3. Debemos *depositar* el dinero en el banco.

   _____

4. Podemos *viajar* a Venezuela este invierno.

   _____

5. Queremos *salir* a bailar este sábado.

   _____

6. Deseamos *invitar* a los amigos de Ana.

   _____

**2**  **¡Sí! ¡No!** You and your older sister disagree about everything. Write affirmative and negative **nosotros/as** commands for these actions.

> **modelo**
> abrir las ventanas
> tú: Abramos las ventanas.
> tu hermana: No abramos las ventanas.

1. doblar a la izquierda en la calle Robles

   tú: _____

   tu hermana: _____

2. poner la televisión

   tú: _____

   tu hermana: _____

3. abrir el paquete de papá

   tú: _____

   tu hermana: _____

4. hacer las diligencias para mamá

   tú: _____

   tu hermana: _____

**Lección 5**

**3** **Como Lina** Everyone likes Lina and they want to be like her. Using **nosotros/as** commands, write sentences telling your friends what you all should do to follow her lead.

1. Lina compra zapatos italianos en el centro.

_____

2. Lina conoce la historia del jazz.

_____

3. Lina se va de vacaciones a las montañas.

_____

4. Lina se corta el pelo en la peluquería de la calle Central.

_____

5. Lina hace pasteles para los cumpleaños de sus amigas.

_____

6. Lina no sale de fiesta todas las noches.

_____

7. Lina corre al lado del río todas las mañanas.

_____

8. Lina no gasta demasiado dinero en ropa.

_____

**4** **El préstamo** Claudia is thinking of everything that she and her fiancé, Ramón, should do to buy an apartment. Write what she will tell Ramón, using **nosotros/as** commands for the verbs in the infinitive. The first sentence has been done for you.

Podemos pedir un préstamo para comprar un apartamento. Debemos llenar este formulario cuando solicitemos el préstamo. Tenemos que ahorrar dinero todos los meses hasta que paguemos el préstamo. No debemos cobrar los cheques que nos lleguen; debemos depositarlos en la cuenta corriente. Podemos depositar el dinero que nos regalen cuando nos casemos. Le debemos pedir prestado a mi padre un libro sobre cómo comprar una vivienda. Queremos buscar un apartamento que esté cerca de nuestros trabajos. No debemos ir al trabajo mañana por la mañana; debemos ir al banco a hablar con un empleado.

Pidamos un préstamo para comprar un apartamento. _____

_____

_____

_____

_____

_____

_____

Lección 5

# 5.3 Past participles used as adjectives

**1** **Completar** Complete the sentences with the correct past participle forms of these verbs.

1. Me voy de paseo junto al río en una bicicleta _____ (prestar).

2. Julián y yo tenemos las maletas _____ (abrir) por toda la sala.

3. Tu sobrino te regaló un barco _____ (hacer) de papel de periódico.

4. A la abuela de Gabriela le gusta recibir cartas _____ (escribir) a mano.

5. Para protegerse del sol, Rosa tiene un sombrero _____ (poner).

6. Lisa y David tienen bastante dinero _____ (ahorrar) en el banco.

7. Hay varios abrigos de invierno _____ (guardar) en el armario.

8. En Perú se descubrieron varias ciudades _____ (perder) cerca de Cuzco.

9. Natalia, José y Francisco son mis amigos _____ (preferir).

10. Miguel no puede caminar porque tiene el tobillo _____ (torcer).

**2** **Las consecuencias** Complete the sentences with **estar** and the correct past participle.

> **modelo**
> La señora Gómez cerró la farmacia.
> La farmacia *está cerrada*.

1. Rafael resolvió los problemas. Los problemas _____.

2. Julia se preparó para el examen. Julia _____.

3. Le vendimos esa aspiradora a un cliente. Esa aspiradora _____.

4. Se prohíbe nadar en ese río. Nadar en ese río _____.

5. La agente de viajes confirmó la reservación. La reservación _____.

6. Carlos y Luis se aburrieron durante la película. Carlos y Luis _____.

**3** **¿Cómo están?** Label each drawing with a complete sentence, using the nouns provided with **estar** and the past participle of the verbs.

1. pavo / servir _____

2. dormitorio / desordenar _____

_____

**Lección 5 Estructura** Activities **57**

Lección 5

3. cama / hacer _____

4. niñas / dormir _____

**4** **El misterio** Complete this paragraph with the correct past participle forms of the verbs in the word bank. Use each verb only once.

| abrir | desordenar | hacer | poner | romper | ver |
|---|---|---|---|---|---|
| cubrir | escribir | morir | resolver | sorprender | volver |

El detective llegó al hotel con el número de la habitación (1) _____ en un papel. Entró en la habitación. La cama estaba (2) _____ y la puerta del baño estaba (3) _____. Vio a un hombre que parecía estar (4) _____ porque no movía ni un dedo. El hombre tenía la cara (5) _____ con un periódico y no tenía zapatos (6) _____. El espejo estaba (7) _____ y el baño estaba (8) _____. De repente, el hombre se levantó y salió corriendo sin sus zapatos. El detective se quedó muy (9) _____ y el misterio nunca fue (10) _____.

## Síntesis

Imagine you have a friend who lives in an exciting place you have never visited: New York City, Mexico, etc. You are about to visit your friend for the first time; you are very excited and have many things you want to do, but you also have a lot of questions. On a separate sheet of paper, write an e-mail to your friend to prepare for your trip. Your message should include the following:

• Statements about the preparations you have made for your trip, using past participles as adjectives.

• **Nosotros/as** commands that describe the preparations you need to complete in order to do certain activities.

• Questions about the logistics of banking, communications, shopping, etc. in the city or country, using the subjunctive in adjective clauses.

**modelo**

Hola, Maribel. Estoy muy emocionada porque acabo de comprar el pasaje para visitarte en Madrid. ¡Las maletas ya están hechas! Intentemos planearlo todo esta semana: consigamos la reservación para la cena de Nochevieja (*New Year's Eve*), llamemos a tus amigos para quedar con (*meet up with*) ellos y compremos ropa nueva para ir a la disco. A propósito, ¿hay muchas tiendas que acepten tarjeta de crédito? ¿Y hay restaurantes que sirvan comida vegetariana? ¿Tienes algún amigo guapo que no tenga novia? ¡Hasta pronto!
Sarah

Lección 5

Nombre _____   Fecha _____

## panorama

# Venezuela

**1** **En Venezuela** Complete the sentences with information from **Panorama**.

1. Los _____ viven en comunidades de hasta 400 miembros.

2. El inmunólogo venezolano que ganó el Premio Nobel es _____.

3. La mayor concentración de petróleo en Venezuela se encuentra debajo del _____.

4. El principal país comprador del petróleo venezolano es _____.

5. El *boom* petrolero convirtió a Caracas en una ciudad _____.

6. El corazón de Caracas es la zona del _____.

7. A principios del siglo XIX, la actual Venezuela todavía estaba bajo el dominio de

_____.

8. Simón Bolívar fue el líder del movimiento _____ suramericano.

**2** **Datos venezolanos** Complete the chart with the indicated information.

| Venezolanos famosos | Principales ciudades venezolanas | Idiomas que se hablan en Venezuela | Países del área liberada por Simón Bolívar |
|---|---|---|---|
| | | | |
| | | | |
| | | | |
| | | | |

**3** **¿Quién soy?** Identify the person or type of person who could make each statement.

1. "Soy parte de una tribu que vive en el sur de Venezuela".

_____

2. "Compuse música y toqué (*played*) el piano durante parte de los siglos XIX y XX".

_____

3. "Fui un general que contribuyó a formar el destino de América".

_____

4. "Di a conocer el Salto Ángel en 1935".

_____

**4**    **Lo que aprendiste**   Write a complete definition of each item, based on what you have learned.

1. bolívar _____

_____

2. tribu yanomami _____

_____

3. Baruj Benacerraf _____

_____

4. Lago de Maracaibo _____

_____

5. Petróleos de Venezuela _____

_____

6. Caracas _____

_____

7. Parque Central _____

_____

8. Simón Bolívar _____

_____

**5**    **El mapa de Venezuela**   Label the map of Venezuela with the correct geographical names.

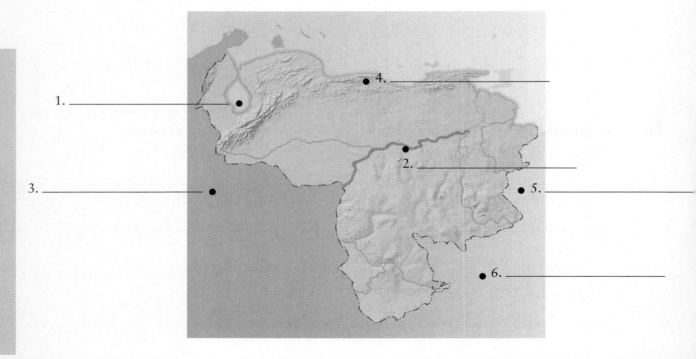

## contextos                                    **Lección 6**

**1** **Lo opuesto** Fill in the blanks with the terms that mean the opposite of the descriptions.

1. sedentario _____

2. con cafeína _____

3. fuerte _____

4. adelgazar _____

5. comer en exceso _____

6. con estrés _____

7. sufrir muchas presiones _____

8. fuera (*out*) de forma _____

**2** **Vida sana** Complete the sentences with the correct terms.

1. Antes de correr, es importante hacer ejercicios de _____ para calentarse.

2. Para dormir bien por las noches, es importante tomar bebidas _____.

3. Para desarrollar músculos fuertes, es necesario _____.

4. Una persona que es muy sedentaria y ve mucha televisión es un _____.

5. _____ es bueno porque reduce la temperatura del cuerpo.

6. Para aliviar el estrés, es bueno hacer las cosas tranquilamente y sin _____.

7. Cuando tienes los músculos tensos, lo mejor es que te den un _____.

8. Las personas que dependen de las drogas son _____.

**3** **Completar** Look at the drawings. Complete the sentences with the correct forms of the verbs from the word bank.

| | |
|---|---|
| (no) apurarse | (no) hacer ejercicios de estiramiento |
| (no) consumir bebidas alcohólicas | (no) llevar una vida sana |

1. Isabel debió _____.

2. Mi prima prefiere _____.

3. A Roberto no le gusta _____.

4. Adriana va a llegar tarde y tiene que _____.

**4** **¿Negativo o positivo?** Categorize the terms in the word bank according to whether they are good or bad for one's health.

> buena nutrición
> colesterol
> comer comida
>    sin grasa
> comer en exceso
> consumir mucho
>    alcohol
>
> dieta equilibrada
> entrenarse
> exceso de cafeína
> fumar
> hacer ejercicios
>    de estiramiento
>
> hacer gimnasia
> levantar pesas
> llevar una
>    vida sana
> llevar una
>    vida sedentaria
>
> ser drogadicto
> ser teleadicto
> sufrir muchas
>    presiones
> tomar vitaminas

**Bueno para la salud**

_____

_____

_____

_____

_____

_____

_____

_____

**Malo para la salud**

_____

_____

_____

_____

_____

_____

_____

_____

**5** **El/La entrenador(a)** You are a personal trainer, and your clients' goals are listed below. Give each one a different piece of advice, using familiar commands and expressions from **Contextos**.

1. "Quiero adelgazar". _____

2. "Quiero tener músculos bien definidos". _____

3. "Quiero quemar grasa". _____

4. "Quiero respirar sin problemas". _____

5. "Quiero correr un maratón". _____

6. "Quiero aumentar un poco de peso". _____

**6** **Los alimentos** Write whether these food categories are rich in **vitaminas**, **minerales**, **proteínas**, or **grasas**.

1. carnes _____

2. agua mineral _____

3. mantequilla _____

4. frutas _____

5. huevos _____

6. aceite _____

7. vegetales _____

8. cereales enriquecidos (*fortified*) _____

## estructura

## 6.1 The present perfect

**1** **¿Qué han hecho?** Complete each sentence with the present perfect of the verb in parentheses.

> **modelo**
>
> Marcos y Felipe _____ (hacer) su tarea de economía.
> Marcos y Felipe **han hecho** su tarea de economía.

1. Gloria y Samuel _____ (comer) comida francesa.

2. (Yo) _____ (ver) la última película de ese director.

3. Pablo y tú _____ (leer) novelas de García Márquez.

4. Liliana _____ (tomar) la clase de ejercicios aeróbicos.

5. (Nosotros) _____ (ir) a esa heladería antes.

6. Tú le _____ (escribir) un mensaje eléctronico al profesor.

**2** **¿Qué han hecho esta tarde?** Write sentences that say what these people have done this afternoon. Use the present perfect.

1. Luis y Marta

_____

2. Víctor

_____

3. (tú)

_____

4. Ricardo

_____

5. (yo)

_____

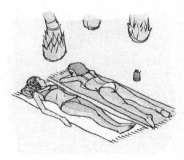

6. Claudia y yo

_____

**3** **Ha sido así** Rewrite the sentences, replacing the subject with the one in parentheses.

1. Hemos conocido a varios bolivianos este año. (tú)

_____

2. Gilberto ha disfrutado de sus vacaciones. (yo)

_____

3. ¿Has ido al Museo de Arte de Boston? (ustedes)

_____

4. Paula y Sonia han comenzado a levantar pesas. (Virginia)

_____

5. He asistido a tres conferencias de ese escritor. (los estudiantes)

_____

6. Mi hermano ha engordado un poco este verano. (mi madre y yo)

_____

**4** **Todavía no** Rewrite the sentences to say that these things have not yet been done. Use the present perfect.

modelo

Su prima no va al gimnasio.
Su prima todavía no ha ido al gimnasio.

1. Pedro y Natalia no nos dan las gracias.

_____

2. Los entrenadores no contestan la pregunta.

_____

3. Mi amigo Pablo no hace ejercicio.

_____

4. Esas chicas no levantan pesas.

_____

5. Tú no estás a dieta.

_____

6. Rosa y yo no sufrimos muchas presiones.

_____

# 6.2 The past perfect

**1** **Vida nueva** Complete this paragraph with the past perfect forms of the verbs in parentheses.

Antes del accidente, mi vida (1) _____ (ser) tranquila y sedentaria. Hasta ese momento, (yo) siempre (2) _____ (mirar) mucho la televisión y (3) _____ (comer) en exceso. Nada malo me (4) _____ (pasar) nunca. El día en que pasó el accidente, mis amigos y yo nos (5) _____ (encontrar) para ir a nadar en un río. Nunca antes (6) _____ (ir) a ese río. Cuando llegamos, entré de cabeza al río. (Yo) No (7) _____ (ver) las rocas (*rocks*) que había debajo del agua. Me di con (*I hit*) las rocas en la cabeza. Mi hermana, que (8) _____ (ir) con nosotros al río, me sacó del agua. Todos mis amigos se (9) _____ (quedar) fuera del agua cuando vieron lo que me pasó. Me llevaron al hospital. En el hospital, los médicos me dijeron que yo (10) _____ (tener) mucha suerte. (Yo) No me (11) _____ (lastimar) demasiado la espalda, pero tuve que hacer terapia (*therapy*) física por muchos meses. (Yo) Nunca antes (12) _____ (preocuparse) por estar en buena forma, ni (13) _____ (querer) ir al gimnasio. Ahora hago gimnasia y soy una persona activa, flexible y fuerte.

**2** **Nunca antes** Rewrite the sentences to say that these people had never done these things before.

> **modelo**
> Julián se compró un coche nuevo.
> *Julián nunca antes se había comprado un coche nuevo.*

1. Tu novia fue al gimnasio por la mañana.

   _____

2. Carmen corrió en el maratón de la ciudad.

   _____

3. Visité los países de Suramérica.

   _____

4. Los estudiantes escribieron trabajos de veinte páginas.

   _____

5. Armando y Cecilia esquiaron en los Andes.

   _____

6. Luis y yo tenemos un perro en casa.

   _____

7. Condujiste el coche de tu papá.

   _____

8. Ramón y tú nos prepararon la cena.

   _____

**3**    **Ya había pasado**   Combine the sentences, using the preterite and the past perfect tenses.

> **modelo**
>
> Elisa pone la televisión. Jorge ya se ha despertado.
> *Cuando Elisa puso la televisión, Jorge ya se había despertado.*

1. Lourdes llama a Carla. Carla ya ha salido.

   _____

2. Tu hermano vuelve a casa. Ya has terminado de cenar.

   _____

3. Llego al gimnasio. La clase de yoga ya ha empezado.

   _____

4. Ustedes nos buscan en casa. Ya hemos salido.

   _____

5. Salimos a la calle. Ya ha empezado a nevar.

   _____

6. Ellos van al centro comercial. Las tiendas ya han cerrado.

   _____

7. Lilia y Juan encuentran las llaves. Raúl ya se ha ido.

   _____

8. Preparas el almuerzo. Yo ya he comido.

   _____

**4**    **Rafael Nadal**   Write a paragraph about the things that Rafael Nadal had achieved by age 18. Use the phrases from the word bank with the past perfect. Start each sentence with **Ya**. The first one has been done for you.

| | |
|---|---|
| empezar a jugar al tenis profesionalmente | jugar en torneos del Grand Slam |
| ganar un torneo Masters Series | recibir miles de dólares |
| ingresar a la lista de los 100 mejores jugadores de la ATP | ser el campeón (*champion*) de la Copa Davis |

Cuando tenía 18 años, Rafael Nadal ya había empezado a jugar al tenis profesionalmente.

_____

_____

_____

_____

_____

_____

  

# 6.3 The present perfect subjunctive

**1** **¡No estoy de acuerdo!** Your friend Lisa is contradicting everything you say. Using the present perfect subjunctive, complete her statements.

> **modelo**
> —He perdido las llaves muchas veces.
> —No es verdad *que hayas perdido las llaves muchas veces.*

1. —Éste ha sido tu mejor año. —No estoy segura _____.

2. —El ejercicio le ha aliviado el estrés. —Dudo _____.

3. —Rafael y tú han sufrido muchas presiones. —Niego _____.

4. —El gobierno ha estudiado el problema. —Es improbable _____.

5. —Ustedes han sido muy buenos amigos siempre. —No es cierto _____.

6. —Has hecho todo lo que pudiste. —No es seguro _____.

**2** **De acuerdo** Lisa is in a better mood today and says everything you are thinking. Write her thoughts on these topics, using the expressions provided and the present perfect subjunctive.

> **modelo**
> Marina ha disfrutado de su dieta / improbable
> **Es improbable que Marina haya disfrutado de su dieta.**

1. Muchas niñas han estado a dieta / terrible

_____

2. Ustedes no han llevado una vida sana hasta ahora / triste

_____

3. Los jugadores no han hecho ejercicios de estiramiento / una lástima

_____

4. Nosotros hemos aumentado de peso este verano / probable

_____

5. Algunos doctores del hospital han fumado en público / ridículo

_____

6. Mi papá no ha engordado más / me alegro de

_____

7. Nunca he aliviado el estrés en mi trabajo / siento

_____

8. Tú y tu amiga se han mantenido en buena forma / qué bueno

_____

Lección 6

**3**  **La telenovela** Write a paragraph telling your best friend how glad you are that these things happened on the soap opera you both watch. Start each sentence with **Me alegro**. The first one has been done for you.

| | |
|---|---|
| la vecina / poner la televisión | Alejandro y Leticia / ganar la lotería |
| Ligia Elena / separarse de Luis Javier | los padres de Juliana / encontrar la carta |
| la boda de Gema y Fernando / ser tan | de amor |
| elegante | (tú) / contarme lo que pasó ayer |
| Ricardo / conocer a Diana Carolina | (nosotros) / poder ver esta telenovela |

Me alegro de que la vecina haya puesto la televisión. _____

_____

_____

_____

_____

_____

_____

_____

_____

_____

_____

## Síntesis

On another sheet of paper, write an autobiographical essay about your time in school. Address:
  • things that you have done that you are proud of and things you are embarrassed about. Use the present perfect.
  • things that you had done by age eight or by age sixteen. Use the past perfect.
Use expressions such as **me alegro, me sorprende, siento, es una lástima, es triste, es extraño**, and **es ridículo** and the present perfect subjunctive. Cover such topics as academic and extracurricular achievements and failures, as well as achievements and failures in your social life.

## panorama

## Bolivia

**1**  **Información de Bolivia**  Complete these sentences with information about Bolivia.

1. El área de Bolivia es igual al área total de _____.

2. Las personas de ascendencia indígena y europea representan _____.

3. Un 70% de la población boliviana vive en el _____.

4. La moneda de Bolivia es el _____.

5. Los tres idiomas que se hablan en Bolivia son _____.

6. El lago navegable más alto del mundo es el _____.

7. El aeropuerto de La Paz se encuentra a _____ metros de altura.

8. Tiahuanaco es el nombre de unas ruinas y significa _____.

9. Se cree que Tiahuanaco fue fundado por los antepasados de _____.

10. _____ es un impresionante monumento que pesa unas 10 toneladas.

**2**  **¿Cierto o falso?**  Indicate whether these statements are **cierto** or **falso**. Correct the false statements.

1. Bolivia tiene dos ciudades capitales diferentes.

_____

2. Jesús Lara fue un pintor y político boliviano.

_____

3. Bolivia tiene una costa en el océano Pacífico.

_____

4. El lago Titicaca es el lago más grande de Suramérica.

_____

5. Según la mitología aimará, los hijos del dios Sol fundaron su imperio.

_____

6. La música andina es el aspecto más conocido del folclore boliviano.

_____

7. Bolivia limita (*borders*) con Colombia, Perú y Brasil.

_____

8. Se piensa que los antepasados de los indígenas aimará fundaron Tiahuanaco hace 15.000 años.

_____

**Lección 6 Panorama** Activities  **69**

Lección 6

**3** **Términos bolivianos** Fill in the blanks with the terms described.

1. _____ Son grupos indígenas que constituyen más de la mitad de

la población de Bolivia.

2. _____ Es la sede del gobierno de Bolivia.

3. _____ Es la primera ciudad de Bolivia en número de habitantes.

4. _____ Fue un político y presidente boliviano.

5. _____ Tipo de música compartida por Bolivia, Perú, Ecuador,

Chile y Argentina. Es música popular de origen indígena.

6. _____ Es un grupo boliviano de música andina que lleva más de

treinta años actuando en los escenarios internacionales.

**4** **Letras desordenadas** Unscramble the words according to the clues.

1. IICTATCA _____
(el segundo lago más grande de Suramérica)

2. BHABCMOCAA _____
(ciudad boliviana)

3. AUQHCUE _____
(uno de los idiomas oficiales de Bolivia)

4. OLAZCSAA _____
(apellido de una poeta boliviana)

5. SOL HSSCKIA _____
(grupo argentino de música andina)

6. URECS _____
(ciudad sede del Tribunal Supremo)

7. AEOMNLERCI _____
(tipo de centro que fue Tiahuanaco)

8. AALSKAASAY _____
(templo de las ruinas de Tiahuanaco)

**repaso**     **Lecciones 4–6**

## 1
**¿Subjuntivo o indicativo?** Write sentences, using the elements provided and either the subjunctive or the indicative, depending on the cues and context.

1. Jorge / esperar / su madre / conseguir un trabajo pronto

_____

2. (nosotros) / no negar / la clase de matemáticas / ser difícil

_____

3. ser imposible / una casa nueva / costar tanto dinero

_____

4. ustedes / alegrarse / la fiesta / celebrarse cerca de su casa

_____

5. ser una lástima / Laura / no poder venir con nosotros

_____

## 2
**En la escuela** You and your friends talk about the things you should or should not do to make the school experience a affirmative one. Use affirmative or negative **nosotros/as** commands to write logical sentences.

1. prepararse para todas las clases

_____

2. tomar solamente media hora para almorzar

_____

3. estudiar horas extras si es necesario

_____

4. llegar tarde por las mañanas

_____

5. ser amables con los nuevos estudiantes

_____

## 3
**Las conjunciones** Use the subjunctive or the indicative of the verbs in parentheses.

1. No quiero llegar a la fiesta después de que Marcelo _____ (irse).

2. Alicia siempre se levanta en cuanto _____ (sonar) el despertador.

3. No beban ese vino a menos que _____ (ser) una ocasión especial.

4. Olga y Lisa tocan a la puerta hasta que su madre las _____ (oír).

5. Cuando (tú) _____ (llamar) a la oficina, pregunta por Gustavo.

6. Lilia llega a los lugares sin que nadie le _____ (decir) cómo llegar.

**4    Hemos dicho** Complete the sentences with the present perfect indicative, past perfect indicative, or present perfect subjunctive of the verbs in parentheses. Use the English cues to decide on the tense.

1. El entrenador (*has given*) _____ (dar) muchas clases de aeróbicos antes.

2. Nosotros nunca antes (*had passed*) _____ (pasar) por esta parte de la ciudad.

3. Quiero conocer a alguien que (*has studied*) _____ (estudiar) psicología.

4. En la clase de literatura, ustedes (*have read*) _____ (leer) varias novelas interesantes.

5. Mi madre nos (*had heard*) _____ (oír) decir antes que queríamos una motocicleta.

6. Necesitas hablar con personas que (*have been*) _____ (estar) en Cuba.

**5    Los países** Use the past participles of the verbs from the word bank to complete the sentences about the countries in **Panorama**. Use each verb only once.

| compartir | convertir | fundar | llamar | nacer |
|---|---|---|---|---|
| conectar | escribir | hacer | mantener | reflejar |

1. En Colombia, los objetos de oro precolombino estaban _____ con un gran cuidado.

2. Las creencias (*beliefs*) de los indígenas colombianos sobre el oro están _____ en sus objetos.

3. *Cien años de soledad* está _____ en el estilo literario del "realismo mágico".

4. _____ en Caracas, el científico Baruj Benacerraf ganó el Premio Nobel en 1980.

5. Desde los años cincuenta, Caracas se ha _____ en una ciudad cosmopolita.

6. El interior de Venezuela está _____ con Caracas por carreteras y autopistas.

7. Simón Bolívar, _____ "El Libertador", fue el líder de la independencia suramericana.

8. Los grupos quechua y aimará de Bolivia han _____ sus culturas y lenguas.

9. La música andina es _____ por Bolivia, Perú, Ecuador, Chile y Argentina.

10. Se piensa que el centro ceremonial de Tiahuanaco, en Bolivia, fue _____ hace 15.000 años.

**6    Los derechos civiles** On another sheet of paper, write a brief paragraph in Spanish about a minority group in the U.S., using these questions as a guide:

- What injustices or unfair conditions has this group suffered in the past?
- What were the lives of the members of this group like in the past?
- What are your opinions about the injustices that occurred?
- What are some advances that this group has made? Under what conditions do the members of this group live today?
- What do you hope for the future of this group?
- What should we as a society do about the disadvantaged status of many minority groups?

**Lecciones 4–6**

## contextos

# Lección 7

**1** **El anuncio** Answer the questions about this help-wanted ad, using complete sentences.

**EMPRESA MULTINACIONAL BUSCA:**
• Contador    • Gerente    • Secretario

Salarios varían según la experiencia. Seguro[1] de salud,
plan de jubilación[2] 401(k), dos semanas de vacaciones.

Enviar currículum y carta de presentación por fax o por
correo electrónico para concertar[3] una entrevista con el
Sr. Martínez.

[1]Insurance        [2]retirement        [3]schedule

1. ¿Cuántos puestos hay?

   _____

2. ¿Cuáles son los sueldos?

   _____

3. ¿Qué beneficios ofrece la empresa?

   _____

4. ¿Qué deben enviar los aspirantes?

   _____

5. ¿Quién es el señor Martínez?

   _____

6. ¿Dice el anuncio que hay que llenar una solicitud?

   _____

**2** **Vida profesional** Complete the paragraph with items from the word bank.

| anuncio | aspirante | currículum | entrevista | éxito | profesión | renunciar |
|---------|-----------|------------|------------|-------|-----------|-----------|
| ascenso | beneficios | empresa | entrevistadora | obtener | puesto | salario |

Vi el (1) _____ en el periódico. Se necesitaban personas para un

(2) _____ de editora en una pequeña (3) _____ que se

encontraba en el centro de la ciudad. Preparé mi (4) _____ con mucha atención

y lo envié por fax. Esa tarde me llamó la (5) _____, que se llamaba la señora

Piñeda. Me dijo que el (6) _____ que ofrecían no era demasiado alto, pero

que los (7) _____, como el seguro de salud, eran excelentes. Era una buena

oportunidad para (8) _____ experiencia. Fui a la oficina al día siguiente para

tener una (9) _____. Había otro (10) _____ en la sala de

espera cuando llegué. Ese día decidí (11) _____ a mi trabajo anterior (*previous*)

y desde entonces ejerzo (*I practice*) la (12) _____ de editora. ¡He tenido mucho

(13) _____!

**3** **Una es diferente** Fill in the blank with the word that does not belong in each group.

1. ocupación, reunión, oficio, profesión, trabajo _____

2. pintor, psicólogo, maestro, consejero _____

3. arquitecta, diseñadora, pintora, bombera _____

4. invertir, currículum, corredor de bolsa, negocios _____

5. sueldo, beneficios, aumento, renunciar, ascenso _____

6. puesto, reunión, entrevista, videoconferencia _____
_____

**4** **Las ocupaciones** Fill in the blanks with the profession of the person who would make each statement.

1. "Decido dónde poner los elementos gráficos de las páginas de una revista".

_____

2. "Ayudo a las personas a resolver sus problemas. Hablan conmigo y buscamos soluciones".

_____

3. "Defiendo a mis clientes y les doy consejos legales".

_____

4. "Investigo las cosas que pasan y escribo artículos sobre los eventos".

_____

5. "Les doy clases a los niños en la escuela".

_____

6. "Hago experimentos y publico los resultados en una revista".

_____

**5** **¿Quién lo usa?** Label each drawing with the profession associated with the objects.

1. _____

2. _____

3. _____

4. _____

## estructura

### 7.1 The future

**1** **Preguntas** One of your classmates asks a lot of questions. Answer his or her questions with the future tense and the words in parentheses.

> **modelo**
> ¿Qué vas a hacer hoy? (la tarea)
> Haré la tarea hoy.

1. ¿Cuándo vamos al partido de béisbol? (el jueves)

_____

2. ¿Cuántas personas va a haber en la clase de historia? (treinta)

_____

3. ¿A qué hora vas a venir a mi casa? (a las cuatro)

_____

4. ¿Qué va a ser tu hermano? (arquitecto)

_____

5. ¿Con quién va a salir Juan? (Amanda)

_____

6. ¿Quiénes van a estar en la fiesta del viernes? (muchos amigos)

_____

**2** **A los 30 años** Some friends in their late teens are talking about what they think they will be doing when they turn 30 years old. Complete the conversation with the correct form of the verbs in parentheses.

**LETI** Cuando tenga 30 años (1) _____ (ser) una arqueóloga famosa.
Para entonces, (2) _____ (haber) descubierto unas ruinas indígenas
muy importantes.

**SERGIO** Yo (3) _____ (tener) un programa de viajes en la televisión. Mi cámara
de video y yo (4) _____ (visitar) lugares hermosos y muy interesantes.

**SUSI** Entonces (tú) (5) _____ (venir) a visitarme a mi restaurante de comida
caribeña que (6) _____ (abrir) en Santo Domingo, ¿verdad? *El Sabor
Dominicano* (7) _____ (tener) los mejores platos tradicionales y otros
creados (*created*) por mí.

**SERGIO** Claro que sí, (8) _____ (ir) a comer las especialidades y
(9) _____ (recomendarlo) a mis telespectadores (*viewers*). También (tú y
yo) (10) _____ (poder) visitar a Leti en sus expediciones.

**LETI** Sí, Susi (11) _____ (cocinar) platos exóticos en medio de la selva y todos
(12) _____ (disfrutar) de su deliciosa comida.

Lección 7

**3** **Será así** Rewrite each sentence to express probability with the future tense. Each sentence should start with a verb in the future tense.

> modelo
> Creemos que se llega por esta calle.
> *Se llegará por esta calle.*

1. Es probable que sea la una de la tarde.

_____

2. Creo que ellas están en casa.

_____

3. Estamos casi seguros de que va a nevar hoy.

_____

4. Es probable que ellos vayan al cine luego.

_____

5. Creo que estamos enfermos.

_____

**4** **Fin de semana entre amigos** Rosa, one of your friends, is telling you about some of the activities she has planned for this weekend. Write complete sentences to describe each image. Then keep using the future tense to write two activities that you will do this weekend.

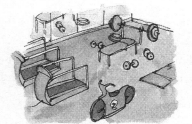      

sábado por la mañana / nosotros       después / ustedes       mientras / yo

1. _____    2. _____    3. _____

_____    _____    _____

por la noche / Julio, Lisa y Cata       domingo por la mañana / yo       domingo por la tarde / nosotros

4. _____    5. _____    6. _____

_____    _____    _____

7. _____

8. _____

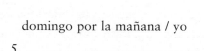

**Lección 7 Estructura** Activities

Lección 7

## 7.2 The future perfect

**1** **Optimista** Miguel is answering an e-mail from his friend Jorge. Answer Jorge's questions, saying that the people will have already done these things by the time indicated. Use the future perfect.

> **modelo**
>
> ¿Me enviarás un mensaje cuando llegues a Mérida?
> No, ya *te habré enviado* un mensaje cuando llegue a Mérida.

1. ¿Encontrarás un trabajo cuando te gradúes?

_____

2. ¿Le comprarás un regalo a Maru cuando te paguen?

_____

3. ¿Escribirá el Sr. Díaz una novela cuando se jubile?

_____

4. ¿Harás los preparativos para ir a España cuando termine el año escolar (*school year*)?

_____

5. ¿Llenará David la solicitud cuando llegue a la entrevista?

_____

6. ¿Olvidaré a mi ex novia cuando me vaya de vacaciones?

_____

**2** **¿Lo habrá hecho?** You expected these people to do something, and you're wondering if they have done it. Use the future perfect to ask yourself if they will have done it.

> **modelo**
>
> Le dije a Marcia que Pedro iba a llegar tarde. (esperar)
> *¿Lo habrá esperado?*

1. Alma le dio el artículo a Javier. (leer)

_____

2. Le dejé un sándwich a mi sobrino para el almuerzo. (comer)

_____

3. Mariela quería una falda nueva. (comprar)

_____

4. Rita iba a recoger a Julio al aeropuerto. (hacer)

_____

5. Ellas sí saben la verdad. (decir)

_____

6. Benito no fue a la oficina por una semana. (despedir)

_____

Lección 7

# 7.3 The past subjunctive

**1**   **Si pudiera**  Complete the sentences with the past subjunctive forms of the verbs in parentheses.

1. El arqueólogo se alegró de que todos _____ (hacer) tantas preguntas.

2. Mi madre siempre quiso que yo _____ (estudiar) arquitectura.

3. Te dije que cuando (tú) _____ (ir) a la entrevista, llevaras tu currículum.

4. Tal vez no fue una buena idea que nosotros le _____ (escribir) esa carta.

5. Era una lástima que su esposo _____ (tener) que trabajar tanto.

6. Luisa dudaba que ese empleo _____ (ser) su mejor alternativa.

7. Era probable que Francisco _____ (llevarse) mal con sus jefes.

8. Laura buscaba intérpretes que _____ (saber) hablar inglés.

9. Ustedes no estaban seguros de que el gerente _____ (conocer) al contador.

10. Fue extraño que Daniela y tú _____ (solicitar) el mismo puesto.

**2**   **Si...**  Daniel is talking to himself about the things that would make him happier. Complete his statements with the past subjunctive form of the verbs in parentheses. Then draw a portrait of yourself and write five sentences describing things that would make you happier. Try to use as many singular and plural forms as you can.

Sería (*I would be*) más feliz si...

1. (yo) _____ (ver) a mi novia todos los días.

2. mis abuelos _____ (venir) a mi ciudad a visitarme.

3. mi novia _____ (querer) hacer un viaje conmigo.

4. (yo) _____ (tener) una computadora más moderna.

5. mis nuevos amigos y yo _____ (viajar) juntos otra vez.

Sería más feliz si...

6. _____

7. _____

8. _____

9. _____

10. _____

**3** **Chisme (*gossip*)** You overhear some coworkers gossiping about what's going on in the office, and they don't always agree. Complete their conversation so that the second sentence says the opposite of the first one.

> **modelo**
> Nadie dudaba que el candidato era muy bueno.
> Nadie estaba seguro de que *el candidato fuera muy bueno.*

1. Nadie dudaba que el ascenso de Andrés fue justo (*fair*).

   No estabas seguro de que _____.

2. Era obvio que todos los participantes sabían usar las computadoras.

   No fue cierto que _____.

3. Raquel estaba segura de que las reuniones no servían para nada.

   Pablo dudaba que _____.

4. Fue cierto que Rosa tuvo que ahorrar mucho dinero para invertirlo.

   No fue verdad que _____.

5. No hubo duda de que la videoconferencia fue un desastre (*disaster*).

   Tito negó que _____.

6. No negamos que los maestros recibieron salarios bajos.

   La directora negó que _____.

**4** **El trabajo** Complete the conversation with the past subjunctive, the preterite, or the imperfect of the verbs in parentheses as appropriate.

**MARISOL** ¡Hola, Pepe! Me alegré mucho de que (tú) (1) _____ (conseguir) el trabajo de arquitecto.

**PEPE** Sí, aunque fue una lástima que (yo) (2) _____ (tener) que renunciar a mi puesto anterior.

**MARISOL** No dudé que (3) _____ (ser) una buena decisión.

**PEPE** No estaba seguro de que este puesto (4) _____ (ser) lo que quería, pero está muy bien.

**MARISOL** Estoy segura de que (tú) (5) _____ (hacer) muy bien la entrevista.

**PEPE** Me puse un poco nervioso, sin que eso (6) _____ (afectar) mis respuestas.

**MARISOL** Sé que ellos necesitaban a alguien que (7) _____ (tener) tu experiencia.

**PEPE** Es verdad que ellos (8) _____ (necesitar) a muchas personas para la oficina nueva.

Lección 7

## Síntesis

Write a two-part plan for your future.

- For the first part, write all of the things that you plan or wish to do with your life, using the future tense. Decide which things you will have accomplished by what age. For example, "**A los veinticinco años, ya habré terminado la maestría** (*Master's degree*) **en negocios**".

- For the second part, imagine that you are elderly and reflecting on your life. What do you think of your accomplishments? At the time, what were you glad about, sorry about, scared about, annoyed about, and unsure about? What did you hope for and what did you deny yourself at the time? Use the preterite and the imperfect with the past subjunctive to write the story of your life.

_____

_____

_____

_____

_____

_____

_____

_____

_____

_____

_____

_____

_____

_____

_____

_____

_____

_____

_____

_____

_____

_____

_____

_____

Lección 7

## panorama

# Nicaragua

**1** **Datos nicaragüenses** Complete the sentences with information about Nicaragua.

1. Nicaragua, del tamaño (*size*) de Nueva York, es el país más grande de _____.

2. Managua es inestable geográficamente, con muchos _____ y _____.

3. Las _____ de Acahualinca son uno de los restos prehistóricos más famosos

   y antiguos de Nicaragua.

4. Desde joven, Ernesto Cardenal trabajó por establecer la _____ y la

   _____ en su país.

5. En los años 60, Cardenal estableció la comunidad artística del archipiélago de _____.

6. Ernesto Cardenal participó en la fundación de la organización _____.

7. Se cree que la isla _____ era un centro ceremonial indígena.

8. El nombre de la isla _____ significa "dos montañas" en náhuatl.

**2** **El mapa** Label the map of Nicaragua.

1. _____

2. _____

3. _____

4. _____

5. _____

6. _____

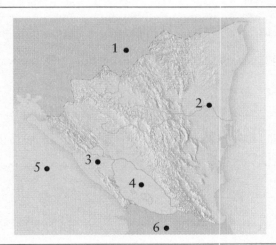

**3** **Datos rápidos** Identify the items and people described.

1. capital de Nicaragua _____

2. moneda nicaragüense _____

3. idiomas oficiales de Nicaragua _____

4. poeta nicaragüense nacido en el siglo XIX _____

5. política y ex presidenta nicaragüense _____

6. político y presidente nicaragüense _____

7. mujer poeta nicaragüense del siglo XX _____

8. poeta y sacerdote que fue ministro de cultura _____

Lección 7

## panorama

# La República Dominicana

**4** **¿Cierto o falso?** Indicate if each statement is **cierto** or **falso**. Then correct the false statements.

1. La República Dominicana y Haití comparten la isla La Española.

_____

2. La Fortaleza Ozama fue la tercera fortaleza construida en las Américas.

_____

3. La República Dominicana fue el primer país hispano en tener una liga de béisbol.

_____

4. Hoy día el béisbol es una afición nacional dominicana.

_____

5. El merengue es un tipo de música de origen dominicano que tiene sus raíces en el campo.

_____

6. El merengue siempre ha sido popular en las ciudades y ha tenido un tono urbano.

_____

_____

**5** **Datos dominicanos** Complete the sentences with information about the Dominican Republic.

1. Los idiomas que se hablan en la República Dominicana son el _____ y el

_____.

2. _____ fue un político dominicano y padre de la patria en el siglo XIX.

3. Las señoras de la corte del Virrey de España paseaban por la _____.

4. El béisbol es un deporte muy practicado en todos los países del mar _____.

5. _____ y David Ortiz son dos beisbolistas dominicanos exitosos.

6. La _____ es un tambor característico de la República Dominicana.

7. Entre los años 1930 y 1960 se formaron las grandes _____ de merengue.

8. Uno de los cantantes más famosos de merengue dominicano es _____.

**6** **En imágenes** Label these photos appropriately.

1. _____    2. _____

Lección 7

## contextos

# Lección 8

**1**  **¿Qué es?**  Match each title to a genre.

| | | | | |
|---|---|---|---|---|
| canción | dibujos animados | obra de teatro | orquesta | poema |
| danza | festival | ópera | película | programa de entrevistas |

1. *Carmen* _____

2. *Romeo y Julieta* _____

3. *Jimmy Kimmel Live!* _____

4. *Los Simpson* _____

5. *El cuervo* (raven) _____

6. *Avatar* _____

7. *El cascanueces* (nutcracker) _____

8. *Feliz Navidad* _____

**2**  **¿Qué tipo de película es?**  Label the type of movie shown on each screen.

1. _____

2. _____

3. _____

4. _____

**Lección 8 Contextos** Activities

**3  Los artistas** Fill in each blank with the type of artist who would make the statement.

1. "Escribo obras de teatro para que las presenten al público". _____

2. "Dirijo a las estrellas y las cámaras para hacer películas". _____

3. "Trabajo con la computadora o con papel y pluma". _____

4. "Paso todo el día practicando las notas con mi instrumento". _____

5. "Soy muy famosa y estoy en las mejores películas". _____

6. "Me gusta escribir en versos, con palabras que riman (*rhyme*)". _____

7. "Hago grandes figuras de piedra de tres dimensiones". _____

8. "Sigo la música artísticamente con mi cuerpo". _____

9. "Pienso en la música y luego la escribo". _____

10. "Mi voz (*voice*) es mi instrumento". _____

**4  Las artes** Complete the newspaper article with the correct forms of the terms in the word bank.

| artesanía | comedia | cultura | festival | moderno |
|---|---|---|---|---|
| clásico | cuento | escultura | folclórico | poema |

## Celebración de las artes

El (1) _____ artístico de la ciudad comenzó ayer y en él van a participar diferentes cantantes, grupos y orquestas. El viernes por la noche hay un concierto de música (2) _____ de la orquesta sinfónica de la ciudad. Tocarán la *Quinta sinfonía* de Beethoven. El sábado tocarán durante el día varios grupos de música (3) _____ de diferentes países. Será una oportunidad excelente para conocer más sobre diversas (4) _____. El sábado por la tarde habrá un espectáculo de baile expresivo, con música (5) _____. Además se exhibirá en los parques de la ciudad una serie de grandes (6) _____ al aire libre. Por la noche, en el Teatro Central, varios poetas le leerán sus (7) _____ al público. Finalmente, el domingo habrá una feria (*fair*) de (8) _____, donde se venderá cerámica y tejidos hechos a mano.

## estructura

## 8.1 The conditional

**1**   **Si fuera famoso** Felipe is day dreaming about how his life would be if he were a famous artist. Complete the paragraph with the conditional form of the verbs.

Si yo fuera un artista famoso, creo que (1) _____ (ser) pintor;

(2) _____ (pintar) cuadros llenos de vida. Pero... no sé, también

(3) _____ (poder) ser cantante, (4) _____ (tener) una banda

de rock y juntos (5) _____ (viajar) por el mundo dando conciertos...

Ahhh, mejor (6) _____ (querer) ser poeta, mi musa Lola y yo

(7) _____ (vivir) en una villa y las personas (8) _____

(escuchar) mis poemas en el Teatro de la Ópera en Milán. Creo que Lola (9) _____

(ser) una bailarina extraordinaria; (10) _____ (bailar) en los teatros más

importantes, y por supuesto, yo (11) _____ (ir) con ella... Sin embargo, Lola y

yo (12) _____ (poder) ser muy buenos actores; nuestro público

(13) _____ (aplaudir) con entusiasmo en cada obra de teatro...

**2**   **La entrevista** Isabel is going to interview a local author for an article in her school newspaper. She e-mailed her English teacher for advice. Rewrite the teacher's advice in a paragraph, using the conditional of the infinitive verbs. The first sentence has been done for you.

| | |
|---|---|
| buscar información en la biblioteca | grabar la entrevista |
| leer artículos de revista sobre la escritora | darle las gracias a la escritora |
| estudiar los cuentos de la escritora | al llegar a casa, transcribir la entrevista |
| preparar las preguntas antes de la entrevista | entonces, escribir el artículo |
| vestirse de forma profesional | mostrárselo a la escritora antes de publicarlo |
| llegar temprano a casa de la escritora | sentirse muy orgullosa de su trabajo |

Buscaría información en la biblioteca. _____

_____

_____

_____

_____

_____

_____

**Lección 8 Estructura** Activities

**3** **Los buenos modales (*manners*)** Rewrite these commands with the conditional tense.

> **modelo**
> Termina el trabajo hoy antes de irte.
> ¿Terminarías el trabajo hoy antes de irte, por favor?

1. Tráigame una copa de vino. _____

2. Llama a Marcos esta tarde. _____

3. Encuéntreme un pasaje barato. _____

4. Pide una toalla más grande. _____

5. Vengan a trabajar el sábado y el domingo. _____

6. Búscame en mi casa a las ocho. _____

**4** **En el teatro** You and your friends are out for a night at the theater. React to each description of what happened by asking a question, using the conditional tense and the cues provided.

> **modelo**
> Adriana se durmió durante la película. (dormir bien anoche)
> ¿Dormiría bien anoche?

1. Natalia se fue temprano. (salir para ver otra obra de teatro)

_____

2. No encontré los boletos. (poner los boletos en mi cartera)

_____

3. Luz no fue al teatro. (tener otras cosas que hacer)

_____

4. Jaime e Isabel conocieron a los actores y actrices en una fiesta. (invitarlos el director)

_____

**5** **Eso pensamos** Write sentences with the elements provided and the conditional of the verbs in parentheses.

> **modelo**
> Nosotros pensamos  (ustedes / tener tiempo para ver el espectáculo)
> Nosotros pensamos que ustedes tendrían tiempo para ver el espectáculo.

1. Yo pensaba (el museo y el teatro / estar cerrados los domingos)

_____

2. Lisa y David dijeron (ese canal / presentar el documental ahora)

_____

3. Marta creía (sus estrellas de cine favoritas / salir en una nueva película)

_____

4. Lola dijo (Ramón / nunca hacer el papel de Romeo)

_____

# 8.2 The conditional perfect

**1** **Pero no fue así** Write sentences with the elements provided. Use the conditional perfect of the verb in the main clause and the preterite of the verb in the subordinate clause.

> **modelo**
>
> Lidia / despertarse a las seis, // no oír el despertador
> Lidia se habría despertado a las seis, pero no oyó el despertador.

1. Tomás / ir al cine, // tener que quedarse estudiando

_____

2. (yo) / llamar a Marcela, // no conseguir su número de teléfono

_____

3. Antonio y Alberto / tocar bien en el concierto, // practicar poco

_____

4. (tú) / venir a mi casa, // no encontrar la dirección

_____

5. ustedes / conocer a mi novia, // llegar demasiado tarde

_____

6. mis amigos y yo / cenar en tu casa, // comer en el restaurante

_____

**2** **Viaje cancelado** You and your friends made plans to spend a week in New York City. However, you weren't able to go. Rewrite the paragraph to say what would have happened, using the conditional perfect. The first sentence has been done for you.

Iremos a ver una ópera famosa. Participaremos en un programa de entrevistas. Será un programa divertido. Mi prima nos conseguirá boletos para un espectáculo de baile. Nos quedaremos en casa de mis tíos. Conoceré al novio de mi prima. Mis tíos nos mostrarán la ciudad. Visitaremos la Estatua de la Libertad. Veremos a muchos turistas estadounidenses y extranjeros. Llamaré a mis padres para contarles todo. Habrá un festival en la calle. Bailaremos salsa y merengue en una discoteca. El novio de mi prima nos mostrará el documental que hizo. Escucharemos a algunos artistas recitar poemas en un café.

Habríamos ido a ver una ópera famosa. _____

_____

_____

_____

_____

_____

_____

_____

_____

# 8.3 The past perfect subjunctive

**1** **En el pasado** Rewrite the sentences, replacing the subject in italics with the subject in parentheses and adjusting the form of the verb as necessary.

1. Mis padres se alegraron de que *yo* me hubiera graduado. (mi hermano)

_____

2. Marisol dudó que *nosotras* hubiéramos ido a la fiesta solas. (ustedes)

_____

3. Yo no estaba segura de que *mis hermanos* se hubieran despertado. (tú)

_____

4. Todos esperaban que *la conferencia* ya se hubiera acabado. (las clases)

_____

5. La clase empezó sin que *ustedes* hubieran hablado con el profesor. (nosotros)

_____

6. Fue una lástima que *mis amigos* no hubieran invitado a Roberto. (yo)

_____

**2** **La obra de teatro** Your friends Eva and Tomás are walking home from the theater. Complete the conversation with the past perfect subjunctive form of the verbs.

**EVA** Ya había visto este espectáculo antes de que me invitaras. De todas maneras, me alegró que

me (1) _____ (invitar) esta noche.

**TOMÁS** Si me (2) _____ (decir), habría cambiado de planes.

**EVA** Pues no importa. Ya vinimos y estuvo fabuloso. Claro que esperaba que

(3) _____ (elegir) mejores asientos.

**TOMÁS** Hice lo que pude. La verdad me molestó que en el teatro no me (4) _____

(ofrecer) más opciones. Me quejé (*I complained*) con el administrador, pero él no creía que yo

(5) _____ (pagar) esos boletos tan caros.

**EVA** Bueno, te creo. Pero esta tarde no me gustó nada que no me (6) _____

(llamar) antes. Anita me dijo que estabas con tus amigos, que habían ido al estadio...

**TOMÁS** ¡No es cierto que (7) _____ (ir) al estadio! Sí estaba con ellos, pero

sólo hablamos un rato. Oye, y no me dijiste con quién habías visto el espectáculo...

**EVA** Lo vi sola. Nadie pudo venir conmigo... Oye, y ¿por qué no invitaste a Paco y a Lulú? Se

habrían divertido mucho si (8) _____ (venir) con nosotros.

**TOMÁS** No creo. Aunque (*Although*) a Paco le (9) _____ (gustar) la idea,

Lulú no habría venido, lo sé. Estuvo insoportable en la boda de mi hermana. ¡Yo no podía

creer que se (10) _____ (quedar) dormida en la mesa!

**3  Las vacaciones** Complete the letter with the past perfect subjunctive of the verbs in parentheses.

3 de mayo

Querida Irma:

Me alegré mucho de que (tú) me (1) _____ (poder) visitar este verano. Además, yo esperaba que (tú) te (2) _____ (quedar) unos días solamente, pero me alegré cuando supe que te quedarías dos semanas. Si tú (3) _____ (estar) aquí todo el mes, habríamos podido ver más zonas del país. Es probable que la playa de La Libertad te (4) _____ (gustar) mucho, y también que (tú) (5) _____ (querer) hacer surf. ¡Ojalá (tú) (6) _____ (conocer) a mi hermano! Es probable que tú y yo nos (7) _____ (divertir) muchísimo con él. ¡Lo habríamos pasado mejor si (tú) (8) _____ (decidir) quedarte en El Salvador todo el verano!

Hasta pronto. Tu amiga,

Rosa

**4  No, no era cierto** Your best friend Raquel always gets it wrong. Correct her by answering her questions negatively, using the past perfect subjunctive.

modelo

¿Era obvio que ustedes habían dicho una mentira (*lie*)?
No, no era obvio que hubiéramos dicho una mentira.

1. ¿Era verdad que el examen había sido muy difícil?

_____

2. ¿Estaba Raquel segura de que tu novio había salido con Sofía?

_____

3. ¿Era cierto que todas las clases se habían cancelado?

_____

4. ¿Era obvio que ustedes no habían limpiado la casa?

_____

5. ¿Estabas segura de que nosotros habíamos almorzado?

_____

6. ¿Era cierto que yo había sido la última en llegar a la fiesta?

_____

**Lección 8**

## Síntesis

Interview a friend to find out what he or she would do if he or she won ten million dollars on a game show. Then do the following:

• Write a paragraph that describes the things your friend would do. Use the conditional tense.
• Write a paragraph about what you would have done if you were the ten-million-dollar winner. Use both the conditional perfect and the past perfect subjunctive tenses.

_____

_____

_____

_____

_____

_____

_____

_____

_____

_____

_____

_____

_____

_____

_____

_____

_____

_____

_____

_____

_____

_____

_____

_____

_____

_____

_____

_____

_____

_____

## panorama

# El Salvador

**1** **Datos salvadoreños** Complete the sentences with information about El Salvador.

1. _____ es una poeta, novelista y cuentista salvadoreña.

2. El Salvador tiene unos 300 kilómetros de costa en el océano _____.

3. _____ es la playa que está más cerca de San Salvador.

4. Las condiciones de La Libertad son perfectas para el _____.

5. El Parque Nacional Montecristo se conoce también como _____.

6. En el Parque Nacional Montecristo se unen _____,

   _____ y _____.

7. Los _____ del bosque Montecristo forman una bóveda que el sol no traspasa.

8. Las _____ de Ilobasco son pequeñas piezas de cerámica muy populares.

**2** **¿Cierto o falso?** Indicate if each statement is **cierto** or **falso**. Then correct the false statements.

1. El Salvador es el país centroamericano más grande y más densamente poblado.

   _____

2. Casi el 90 por ciento de la población salvadoreña es mestiza.

   _____

3. Óscar Romero fue un arzobispo y activista por los derechos humanos.

   _____

4. El pueblo de Ilobasco se ha convertido en un gran centro de surfing.

   _____

5. El bosque nuboso Montecristo es una zona seca (*dry*).

   _____

6. Los productos tradicionales de Ilobasco son los juguetes, los adornos y los utensilios de cocina.

   _____

**3** **Vistas de El Salvador** Label the places in the photos.

1. _____    2. _____

## panorama

# Honduras

**4** **En Honduras** Answer the questions with complete sentences.

1. ¿Quiénes son los jicaque, los miskito y los paya?

_____

_____

2. ¿Qué idiomas se hablan en Honduras?

_____

3. ¿Quién fue Argentina Díaz Lozano?

_____

4. ¿Qué cultura construyó la ciudad de Copán?

_____

5. ¿Para qué eran las canchas de Copán?

_____

6. ¿Por qué pudo intervenir la Standard Fruit Company en la política hondureña?

_____

_____

**5** **Datos hondureños** Briefly describe each person or item.

1. El Progreso _____

2. Carlos Roberto Reina _____

3. Copán _____

4. Rosalila _____

5. José Antonio Velásquez _____

6. las bananas _____

**6** **Palabras hondureñas** Identify these people, places, or things.

1. capital de Honduras _____

2. Tegucigalpa, San Pedro Sula, El Progreso, La Ceiba _____

3. moneda hondureña _____

4. esculturas, cetros, templos, canchas _____

5. escritor hondureño _____

6. lugar adonde se empezaron a exportar las bananas hondureñas _____

## contextos

# Lección 9

**1** **Identificar** Label the numbered items in the drawing.

1. _____

2. _____

3. _____

4. _____

5. _____

6. _____

7. _____

**2** **Una es diferente** Write the word that does not belong in each group.

1. anunciar, comunicarse, luchar, transmitir, informar _____

2. racismo, sexismo, discriminación, desigualdad, prensa _____

3. libertad, tornado, huracán, tormenta, inundación _____

4. locutor, impuesto, ciudadano, político, reportero _____

5. crimen, guerra, violencia, derechos, choque _____

6. diario, noticiero, acontecimiento, artículo, informe _____

Lección 9

**3** **Crucigrama** Use the clues to complete the crossword puzzle.

**Horizontales**

1. Sucede cuando un carro golpea (*hits*) a otro carro.
2. Sucede cuando un río se llena demasiado de agua.
4. Es lo opuesto (*opposite*) a la democracia.
5. Se hace para saber quién va a ganar las elecciones.
7. Todos los días puedes leer las noticias en él.

**Verticales**

1. Quiere ser elegido para un puesto público.
3. Es el dinero que todos pagan al gobierno por lo que ganan.
6. Es una enfermedad del sistema inmune del cuerpo.

**4** **La locutora** Complete the newscast with items from the word bank.

| | | | | |
|---|---|---|---|---|
| candidatos | elecciones | encuestas | noticias | prensa |
| discursos | elegir | medios de comunicación | noticiero | votar |

Buenas tardes, y bienvenidos al (1) _____ de las cinco. Mañana, un mes

antes de las (2) _____ para la presidencia de los Estados Unidos, será el

primer debate entre los (3) _____. Ya ellos han pronunciado muchos

(4) _____, y todos hemos escuchado sus opiniones, pero mañana será la primera

vez que los candidatos se enfrentan (*face each other*). La (5) _____ internacional

está preparada para llevar las últimas noticias a los diarios de todo el mundo. Los

(6) _____, como la radio y la televisión, estarán bien representados. Las

(7) _____ no indican que alguno de los dos candidatos tenga una ventaja (*lead*)

clara. Lo más importante es ver cuántos ciudadanos irán a (8) _____ el día de las

elecciones. Son ellos los que decidirán a quién van a (9) _____. Volveremos a las

diez de la noche para darles las (10) _____ de la tarde. ¡Los esperamos!

## estructura

## 9.1 Si clauses

**1  Sería así**  Complete the sentences with the verbs in parentheses. Use the past subjunctive and the conditional as appropriate.

> *modelo*
> Si yo **fuera** (ir) al cine, (yo) **vería** (ver) esa película.

1. Adriana y Claudia _____ (adelgazar) si _____ (comer) menos todos los días.

2. Si Gustavo _____ (conseguir) un trabajo mejor, (él) _____ (ganar) más dinero.

3. Si Gerardo la _____ (invitar), Olga _____ (salir) con él al cine.

4. Alma y yo _____ (lavar) los platos si Alejandra _____ (pasar) la aspiradora.

5. Si (tú) _____ (tener) hambre, (tú) _____ (poder) almorzar en la cafetería.

6. Brenda nos _____ (venir) a buscar si (nosotras) _____ (estar) listas a tiempo.

7. Yo _____ (ir) a la ópera si ustedes _____ (tener) más boletos.

8. Si Pilar y tú _____ (querer), (nosotros) _____ (viajar) juntos por Suramérica.

9. Ustedes _____ (buscar) el libro en la librería si (ustedes) no lo _____ (encontrar) en casa.

10. Si Marcos y María _____ (poder), (ellos) _____ (comprar) una casa en mi barrio.

**2  Si fuera así...**  Rewrite the sentences to describe a contrary-to-fact situation. Use the past subjunctive and the conditional tenses.

> *modelo*
> Si me visitas en Montevideo, te invito a cenar.
> *Si me visitaras en Montevideo, te invitaría a cenar.*

1. Si buscas las llaves en la habitación, las encuentras enseguida.

_____

2. La madre de Rodrigo llama al médico si él está enfermo.

_____

3. Si ustedes saludan a Rosa y a Ramón, ellos son muy simpáticos.

_____

4. Si Luis me invita, voy con él al festival de música folclórica.

_____

5. Ana y Elena limpian la cocina y el baño si están sucios.

_____

6. Viajo a Uruguay con ustedes si tengo el dinero.

_____

**3** **Si hubiera...** Write complete sentences about the images. Use the conditional perfect and the past perfect subjunctive.

> **modelo**
> (él) levantar pesas / mantenerse en forma
> **Si hubiera levantado pesas, se habría mantenido en forma.**

1. (ellos) / levantarse temprano / no tener prisa
   _____
   _____

2. (yo) hacer ejercicios de estiramiento / no haberse lastimado
   _____
   _____

3. (ustedes) leer el libro / sacar buenas notas en el examen
   _____
   _____

4. (tú) llegar temprano / recibir un regalo
   _____
   _____

**4** **Escribir oraciones** Write sentences with the elements provided to express conditions and events possible or likely to occur. Use the tenses in brackets.

> **modelo**
> Si Paco llega temprano / (ustedes / ir al cine) *[future]*
> **Si Paco llega temprano, ustedes irán al cine.**

1. Si quieres comer en mi casa / (tú / llamarme) *[command]*
   _____

2. Si Luisa se enferma / (su novio / llevarla al doctor) *[present]*
   _____

3. Si todos los ciudadanos votan / (el gobierno / ser mejor) *[near future]*
   _____

4. Si Ana y tú estudian / (ustedes / aprobar el examen) *[future]*
   _____

5. Si nos levantamos tarde / (nosotras / no llegar al discurso) *[near future]*
   _____

Lección 9

# 9.2 Summary of the uses of the subjunctive

**1** **¿Subjuntivo o indicativo?** Choose the correct verbs from the choices in parentheses.

1. Cuando _____ (vienes, vengas) a buscarme, tráeme la mochila.

2. Nuestros primos nos llamaron después de que su madre se _____ (casó, casara).

3. Ricardo y Elena quieren que ella los llame en cuanto _____ (llega, llegue).

4. Ustedes se quitaron los abrigos tan pronto como _____ (pudieron, pudieran).

5. Ricardo va a correr en el parque hasta que se _____ (cansa, canse).

6. Después de que _____ (vamos, vayamos) al cine, quiero comer algo.

**2** **¿Infinitivo o subjuntivo?** Rewrite the sentences, using the infinitive or the subjunctive form of the verb in parentheses, as needed.

1. Laura y Germán esperan que la tormenta no (causar) daños (*damage*).

_____

2. Los trabajadores temen (perder) sus derechos.

_____

3. Nosotros tenemos miedo de (conducir) en la ciudad.

_____

4. Gisela y tú se alegran de que Ricardo (obedecer) las reglas (*rules*).

_____

5. Tú esperas (terminar) el trabajo antes de irte de vacaciones.

_____

6. Daniel teme que sus padres (vender) la casa en donde nació.

_____

**3** **¿Hace o haga?** Complete the sentences with the indicative or subjunctive of the verbs in parentheses.

1. Roberto es el chico que _____ (trabajar) en el diario de la ciudad.

2. Álex y yo buscamos aspirantes que _____ (saber) usar bases de datos.

3. ¿Conoces a alguien que _____ (hablar) más de cuatro idiomas?

4. El padre de Ana es el locutor que _____ (tener) un programa de entrevistas.

5. La señora López dice que no hay nadie que _____ (cocinar) mejor que ella.

6. Javier y yo somos artistas que _____ (dibujar) muy bien.

7. Mauricio quiere un asistente que _____ (vivir) en Quito.

8. Andrea tiene amigos que _____ (estudiar) en la UNAM.

Lección 9

**4**   **Planes de verano** Berta is writing an e-mail to her friend Pati about her plans for this summer. Complete the paragraph with the correct forms of the subjunctive.

| **Para:** Pati | **De:** Berta | **Asunto:** Viaje de verano |
| --- | --- | --- |

Querida Pati:

Deseo que las clases (1) _____ (terminar) pronto. Dudo que

(2) _____ (sacar) malas notas, pero ya tengo planes para el

verano. Tan pronto como (3) _____ (empezar) las vacaciones,

tomaré un avión a Montevideo. Si (4) _____ (comprar) mi

boleto hace dos meses, habría pagado menos dinero, pero me alegro de

que (5) _____ (aceptar) la tarjeta de crédito de mi hermana

mayor. En cuanto (6) _____ (hacer) la maleta, ¡lo escribiré

en mi blog! Cuando (7) _____ (comenzar) mi viaje, voy a

escribir TODAS mis experiencias. Después de que (8) _____

(llegar) a Montevideo, mi primo Alberto y mis tíos irán por mí al

aeropuerto. No descansaremos hasta que (9) _____ (visitar)

todos los lugares interesantes de su país. ¡Uf! Me alegra que el verano

(10) _____ (durar) dos meses. En caso de que Alberto y yo

(11) _____ (necesitar) más tiempo, regresaré el próximo año.

Si tú (12) _____ (venir) con nosotros, disfrutarías mucho.

Siento mucho que (tú) no (13) _____ (poder) viajar este

verano y espero que ya (14) _____ (sentirse) mejor. Tan

pronto como (yo) (15) _____ (encontrar) un cibercafé en

Montevideo, te escribiré.

Saludos,
Berta

**5**   **Que sea así** Combine the sentences, using the present or past subjunctive in the adjective clause.

> *modelo*
>
> Patricia fue a buscar un escritorio. El escritorio debía ser grande.
> *Patricia fue a buscar un escritorio que fuera grande.*

1. Quiero elegir un candidato. El candidato debe ser inteligente y sincero.

   _____

2. La empresa iba a contratar a un empleado. El empleado debía tener experiencia.

   _____

3. Norma y tú van a comprar una casa. La casa debe estar en este barrio.

   _____

4. Iván quería casarse con una chica. La chica lo debía querer mucho.

   _____

5. Vamos a darle empleo a una señora. La señora debe saber cocinar.

   _____

6. Ellos estaban buscando una persona. La persona debía conocer a Sergio.

   _____

Lección 9

**6** **¿Indicativo o subjuntivo?** Complete this letter with the present indicative or the present subjunctive of the verbs in parentheses.

Estimado cliente:

Le escribimos para informarle que su servicio de Internet inalámbrico ya (1) _____ (funcionar) a través de (*through*) nuestra empresa. Ahora usted (2) _____ (poder) conectarse a Internet sin que la distancia y el lugar (3) _____ (ser) un problema. Puede llamarnos a nuestra línea de servicio al cliente cuando usted (4) _____ (querer). Nuestros agentes (5) _____ (responder) a las llamadas las 24 horas del día.

Además, le ofrecemos nuestro servicio de teléfono en línea. Ahora las llamadas internacionales le (6) _____ (costar) sólo dos centavos por minuto a menos que usted (7) _____ (hacer) las llamadas en fin de semana. Le sugerimos que (usted) (8) _____ (elegir) nuestra empresa para conectarse no solamente a Internet, sino también con los amigos en todas partes del mundo. Tan pronto como usted (9) _____ (decidir) usar nuestros servicios, llámenos. Le daremos toda la información que (usted) (10) _____ (necesitar).

**7** **¿Qué habría pasado?** Write questions and answers with the elements provided to state what would have happened in each case.

*modelo*

si yo / haber estado en un incendio // (tú) / haber tenido miedo
¿Qué habría pasado si yo hubiera estado en un incendio?
Si hubieras estado en un incendio, habrías tenido miedo.

1. si don Diego / haber llegado tarde // (él) / no haber votado

_____

_____

2. si Jimena / haberte dicho eso // yo / no haber aceptado el trabajo

_____

_____

3. si Maru y tú / haber sido discriminados/as // (nosotros/as) / haber luchado contra la desigualdad

_____

_____

_____

4. si Felipe y Miguel / haber visto al criminal // (ellos) / haber llamado a la policía

_____

_____

_____

# Síntesis

Write an essay about a famous politician. Include various types of **si** clauses and different uses of the subjunctive as you address the following:

- State what you think about the person's life choices.
- With which aspects of the person's life do you agree and disagree?
- What do you like and dislike about him or her?
- What do you hope he or she will do in the future?
- Which of the things said about this person do you think are true and untrue?
- What would you have done and what would you do if you were this person?

_____

_____

_____

_____

_____

_____

_____

_____

_____

_____

_____

_____

_____

_____

_____

_____

_____

_____

_____

_____

_____

_____

_____

Lección 9

## panorama

## Paraguay

**1**  **Preguntas sobre Paraguay** Answer these questions about Paraguay.

1. ¿Cómo usan la lengua guaraní los paraguayos? _____

_____

2. ¿A qué se dedica el Teatro Guaraní? _____

_____

3. ¿Por qué se llaman "ñandutí" los encajes paraguayos? _____

_____

4. ¿Por qué visitan la represa Itaipú muchos turistas? _____

_____

5. ¿Qué ríos sirven de frontera entre Paraguay y Argentina? _____

_____

6. ¿Cuál es la importancia del río Paraná? _____

_____

**2**  **Sopa de letras** Use the clues to find terms about Paraguay in the puzzle. Then, write down the answers.

1. capital de Paraguay
2. central hidroeléctrica
3. ciudad de Paraguay
4. encaje artesanal paraguayo
5. estuario al final del río Paraná
6. guitarrista paraguayo
7. un idioma de Paraguay
8. zona poco poblada de Paraguay
9. una mujer de Paraguay
10. país que hace frontera con Paraguay
11. río con 3.200 km navegables

| U | R | Í | O | D | E | L | A | P | L | A | T | A |
|---|---|---|---|---|---|---|---|---|---|---|---|---|
| X | É | R | M | Z | L | U | L | G | A | D | M | R |
| A | I | I | T | A | I | P | Ú | L | M | Ñ | B | G |
| S | T | D | Á | Q | Ñ | F | M | V | B | F | Í | E |
| U | A | S | G | R | A | N | C | H | A | C | O | N |
| N | G | U | A | R | A | N | Í | R | R | M | H | T |
| C | U | B | A | R | R | I | O | S | É | Í | C | I |
| I | Á | F | P | A | R | A | N | Á | L | U | X | N |
| Ó | Ñ | A | N | D | U | T | Í | G | O | R | Ñ | A |
| N | O | H | P | A | R | A | G | U | A | Y | A | R |

1. _____
2. _____
3. _____
4. _____
5. _____
6. _____
7. _____
8. _____
9. _____
10. _____
11. _____

Lección 9

## panorama

# Uruguay

**3**   **Datos uruguayos**   Complete the sentences with information about Uruguay.

1. Montevideo está situada en la desembocadura del _____.

2. Hay numerosas playas que se extienden desde Montevideo hasta la ciudad de _____.

3. La _____ es un elemento esencial en la dieta diaria de los uruguayos.

4. El _____ es una infusión similar al té y es muy típico de la región.

5. El _____ es el deporte nacional de Uruguay.

6. En los años _____ se inició el período profesional del fútbol uruguayo.

7. El _____ de Montevideo dura unos cuarenta días y es el más largo del mundo.

8. La celebración más conocida del Carnaval de Montevideo es el _____.

**4**   **¿Cierto o falso?**   Indicate if each statement is **cierto** or **falso**. Correct the false statements.

1. Punta del Este es una ciudad cosmopolita e intelectual.

_____

2. La producción ganadera es muy importante en la economía de Uruguay.

_____

3. El mate es una bebida de origen africano que está muy presente en Uruguay.

_____

4. Uruguay y Argentina desean ser la sede de la Copa Mundial de fútbol en 2030.

_____

5. Uno de los mejores carnavales de Suramérica se celebra en Salto.

_____

6. En el Desfile de las Llamadas participan actores y actrices.

_____

**5**   **El mapa**   Identify the places on this map of Uruguay.

1. _____   4. _____

2. _____   5. _____

3. _____   6. _____

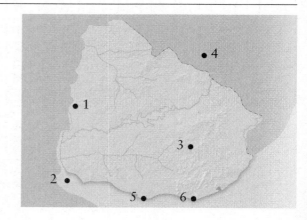

 

**1 ¿Cuándo ocurrirá?** Create sentences with the elements provided. First, use the future and the present subjunctive. Then rewrite each sentence, using the future perfect and the present subjunctive.

> **modelo**
> (yo) / limpiar la casa // (nosotros) / ir al cine
> Limpiaré la casa antes de que vayamos al cine.
> Habré limpiado la casa cuando vayamos al cine.

1. Manuel / conseguir un trabajo // (tú) / comprar el coche

_____

2. el candidato / cumplir (*keeps*) sus promesas // Ana / votar por él

_____

3. Lola y yo / pintar el apartamento // ellos / mudarse

_____

4. ustedes / terminar el trabajo // todos / llegar a la oficina

_____
_____

**2 Oraciones incompletas** Complete each sentence using the correct phrase from the word bank. Use each phrase once.

| | |
|---|---|
| la cocina no estaría tan sucia | no pasaría nada malo |
| los dibujos saldrían mejor | tenían ganas |
| ganáramos más dinero | tuvieran más experiencia |
| hubieras venido ayer | yo habría aprendido más |

1. Si me hubieras ayudado a estudiar, _____.
2. Ellos conseguirían ese trabajo si _____.
3. Habrías visto a Lucía si _____.
4. Si siempre pagaran a tiempo, _____.
5. Si la limpiáramos un poco, _____.
6. Estaríamos más contentos si _____.
7. Lilia y Marta nadaban si _____.
8. Si Gloria tuviera papel de mejor calidad, _____.

**3**  **El subjuntivo en acción**  Complete the text with the correct forms of the verbs in parentheses. Use the subjunctive, the past subjunctive, the conditional perfect, and the past perfect subjunctive as appropriate.

Si yo (1) _____ (vivir) en Uruguay, me gustaría vivir en Montevideo. No he

conocido a nadie que (2) _____ (estar) allí antes. Mi amigo Daniel me

recomendó el año pasado que (yo) (3) _____ (viajar) por Suramérica. Otros

amigos me recomiendan que (yo) (4) _____ (visitar) las islas del Caribe primero.

Mi novia quiere que yo la (5) _____ (llevar) de vacaciones a Costa Rica. Es

posible que este año mi familia (6) _____ (ir) de nuevo al Caribe en un crucero

(*cruise*). ¡Es una lástima que (nosotros) no (7) _____ (ver) muchos países de habla

hispana todavía! Espero que este año (nosotros) (8) _____ (poder) viajar más. Si

yo (9) _____ (tener) mucho dinero, (yo) (10) _____ (viajar)

siempre. Si mis abuelos (11) _____ (tener) las oportunidades de viajar que tienen

mis padres, habrían visto el mundo entero. Mi abuelo siempre nos aconsejó a nosotros que

(12) _____ (disfrutar) de la vida y que nunca (13) _____

(trabajar) tanto que no pudiéramos viajar. Si mi abuelo hubiera vivido hasta ahora, él

(14) _____ (ir) con nosotros a nuestro primer viaje en crucero. Y yo, ¡no dejaré de

viajar hasta que me (15) _____ (morir)! Espero que (nosotros) siempre

(16) _____ (tener) dinero, tiempo y salud para hacerlo.

**4**  **El extranjero**  On a separate sheet of paper, write an essay in Spanish about life in the U.S., a Spanish-speaking country, and your future home, using the following guidelines and keeping in mind the indicative and subjunctive tenses that you learned throughout your textbook.

- First, describe life in the U.S.: what you like, what bothers you, what is good, and what is bad. Mention at least one stereotype that you consider to be true and another that you feel is untrue about life in the U.S. What would you recommend to someone who has recently moved to the U.S.? What other advice would you give that person?
- Next, write about a Spanish-speaking country. What would your childhood have been like if you had been born and had grown up there? What would your city and home be like? What would your parents be like? What would your education have been like?
- Finally, describe where you want to live in the future and why. Be sure to include some of the same topics in your explanation that you described in the other two sections.

*Lecciones 7–9*